Kuno Fischer

Kant´s Leben und die Grundlagen seiner Lehre

Verlag
der
Wissenschaften

Kuno Fischer

Kant´s Leben und die Grundlagen seiner Lehre

ISBN/EAN: 9783957009128

Auflage: 1

Erscheinungsjahr: 2016

Erscheinungsort: Norderstedt, Deutschland

Hergestellt in Europa, USA, Kanada, Australien, Japan
Verlag der Wissenschaften in Hansebooks GmbH, Norderstedt

Cover: Foto © Jörg Kleinschmidt / pixelio.de

Verlag
der
Wissenschaften

Kant's Leben

und

die Grundlagen seiner Lehre.

Drei Vorträge

von

Kuno Fischer.

Zweite unveränderte Auflage.

Heidelberg.

Carl Winter's Universitätsbuchhandlung.

1906.

Verlags-Archiv Nr. 121.

Philosophische Schriften.

Von

Kuno Fischer.

Heidelberg.

Carl Winter's Universitätsbuchhandlung.

Verlags Archiv Nr. 121.

Inhalt.

Philosophische Schriften

von

Kuno Fischer.

4.

Kant's Leben

und

die Grundlagen seiner Lehre.

Drei Vorträge

von

Kuno Fischer.

Zweite unveränderte Auflage.

Heidelberg.

Carl Winter's Universitätsbuchhandlung.

1906.

Verlags Archiv Nr. 121.

Vorwort zur zweiten Auflage.

————

Schon vor vielen Jahren sollten diese Vorträge über Kant neu erscheinen, da die erste Auflage vergriffen war.

Die Arbeit am VIII. Bande seiner Geschichte der Neuern Philosophie (Hegel) und die Vollendung des Faustwerkes ließen den Verfasser jedoch keine Zeit finden, sich mit der Neubearbeitung zu beschäftigen. Um der noch immer regen Nachfrage gerade nach diesen Vorträgen über Kant genügen zu können, lassen wir das Buch im Einverständniß mit dem Verfasser in unverändertem Abdruck erscheinen.

Carl Winter's Universitätsbuchhandlung.

Vorrede.

Die drei Vorträge, die hier verbunden erscheinen, haben in ihrer Materie einen gleichartigen Charakter; nach ihrer Form oder Redegattung sind sie ungleichartig. Der erste bildet ein biographisches Gemälde, die beiden andern sind philosophische Abhandlungen. Alle drei beziehen sich insgesammt auf Kant, den Begründer der kritischen Phi=losophie, den sie darstellen wollen in seiner Persönlichkeit und in seinen Entdeckungen, welche die philosophische Wissen=schaft von Grund aus umgestaltet und die kritische Epoche gemacht haben. In dieser Rücksicht ergänzen sich die drei Vor=träge auf eine völlig ungezwungene Weise. Sie stehen unter demselben Nenner, den sie in verschiedenen Werthen aus=drücken: das ist die Begründung der kritischen Philosophie, die wissenschaftliche Größe Kant's. Zu dieser wissenschaftlichen Größe gehört der persönliche Charakter des Mannes nicht weniger als die Entdeckungen, die von eben diesem Charakter ausgegangen und getragen sind. Man kann einen Keppler nicht kennen lernen ohne die Keppler'schen Gesetze; ebenso wenig läßt sich Kant darstellen ohne die Grundlagen der kritischen Philosophie.

Der kritische Scharfblick Kant's hat zwei Entdeckungen gemacht, zwei Einsichten gewonnen, von denen sein ganzes Lehrgebäude abhängt. Er hat zuerst die Thatsache der Er=kenntniß in ihrem wahren Lichte entdeckt und daraus zum erstenmale das Problem der Erkenntniß in seiner rich=tigen Fassung gelöst. Nach dieser Einsicht konnte er die Be=dingungen der Erkenntniß an der richtigen Stelle aufsuchen, und hier ist er der Erste gewesen, der die wahre Natur

von Raum und Zeit erkannt hat. Die Einsicht in die Natur
der menschlichen Erkenntniß giebt der Philosophie den völlig
neuen Gesichtspunkt; die Einsicht in die Natur von Raum
und Zeit giebt ihr die völlig neue Grundlage. Von hier aus
erklärt sich das ganze kritische Lehrgebäude. Es steht fest,
wo es dieser Grundlage treu bleibt; es wankt, wo es dieselbe
verläßt. Wenn ich in der kürzesten Zusammenfassung, gleich=
sam in einem Vademecum, Kant und seine Lehre darstellen
wollte, so durfte ich mich auf die drei Punkte beschränken,
welche die folgenden Vorträge behandeln: den Charakter des
Philosophen, das Problem der Erkenntniß, die Lehre von
Raum und Zeit. Das ist die Aufgabe der vorliegenden Schrift
und zugleich das Band, das ihre Theile zu einem Ganzen
verknüpft.

Die transscendentale Lehre von Raum und Zeit ist Kant's
größte und epochemachende Entdeckung, die eigentliche Grund=
lage und der Maßstab der kritischen Philosophie. Es ist hier
nicht der Ort, diese Ansicht zu vertheidigen. Ihre Verthei=
digung fordert die ausführlichste Darstellung der gesammten
kantischen Lehre: eine Schuld, die ich seit geraumer Zeit
meinen Lesern und mir selbst gegenüber gehabt und, indem ich
diese Zeilen schreibe, bereits gelöst habe. Ein ausführliches
und sehr umfangreiches Werk über alle Theile der kritischen
Philosophie, das ich eben beschließe, wird noch im Laufe dieses
Sommers erscheinen. Der erste Band folgt dieser Schrift
auf dem Fuße. Mit dem Gesammtwerke verglichen enthält
die letztere einige dem Umfange nach geringen Bestandtheile
des ersten Bandes. Man wird den ersten der nachstehenden
Vorträge in dem dritten Capitel des ersten Buches, die beiden
andern zum Theil in den beiden ersten Capiteln des zweiten
wiederfinden. Sie können unabhängig von dem Gesammt=
werke gelesen und verstanden werden, doch muß ich wünschen,
daß man sie nur im Zusammenhang mit dem Ganzen beur=
theilt, wenn anders man sie gründlich und eindringend be=
urtheilen will.

Daß sie abgesondert erscheinen, erklärt sich aus der besonderen Veranlassung, woraus diese Vorträge entstanden sind, und zugleich aus dem Zweck, den sie haben. Ohne Zweifel giebt es Viele, denen eine klare Vorstellung von dem Urheber und der Bedeutung der kritischen Philosophie willkommen sein wird. Es ist möglich, diese Vorstellung zu geben, ohne alle Theile des ausgedehnten und schwierigen Lehrgebäudes gleichmäßig zu beleuchten. Wenn ich mir die Frage gestellt denke: wer war Kant und was heißt kritische Philosophie? so will die vorliegende Schrift nichts Anderes sein als auf diese Frage die zureichende und kürzeste Antwort.

Nach einer an dem Weimarischen Hofe einheimischen und von Ihrer Königl. Hoheit der Frau Großherzogin insbesondere hochsinnig gepflegten Sitte wird den Lehrern der hiesigen Universität der ehrenvolle Auftrag zu Theil, von Zeit zu Zeit wissenschaftliche Vorträge in dem großherzoglichen Residenzschlosse zu halten. So sind zunächst die drei folgenden Vorträge meinerseits entstanden. Unter den Gegenständen mannigfaltiger Art, die jene Reihe wissenschaftlicher Vorlesungen behandelt, durfte auch dem größten und einflußreichsten Denker der Deutschen ein Platz gegönnt sein.

Jena, den 8. April 1860.

Kuno Fischer.

Inhalts-Verzeichniß.

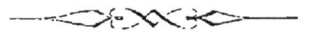

Kant's Leben und Charakter.

Wenn es sich darum handelte, die größten Denker der
Welt so weit die geschichtliche Kunde reicht, zu bezeichnen, so
würden wir mit drei Namen antworten, von den Alten be=
ginnend und zu den Neueren fortschreitend. In der Sonderung
der Wahrheit vom Irrthum, der ächten Erkenntniß von der
Scheinerkenntniß, besteht überhaupt die eigentliche Aufgabe
der philosophischen Einsicht. Nicht nach dem Umfang der
Systeme, sondern nach der Tiefe dieser Einsicht messen wir die
Größe des Denkers.

Es kann zweifelhaft sein, ob an der ersten Stelle Plato
oder Aristoteles stehen soll. Nach unserem Maßstabe zu ur=
theilen, würden wir Plato den Vorzug geben; er ist unter
sämmtlichen Philosophen des Alterthums nach dem Vorgange
von Parmenides am tiefsten eingedrungen in den Unterschied
zwischen Wahrheit und Irrthum. Man darf an der zweiten
Stelle schwanken zwischen Cartesius, Spinoza und Leibnitz.
Wir würden Spinoza für denjenigen erklären, in dem der
Wahrheitssinn mit der ihm ebenbürtigen Denkkraft am höchsten
entwickelt war. Wir reden nicht von dem Gehalt seiner Phi=
losophie, sondern von der Kraft, womit er vermocht hat, sich
der menschlichen Einbildung mit allem, was sie wähnt und
und wünscht, zum Zwecke wahrer Erkenntniß zu entäußern.
Ueber den Dritten sind die Urtheile einig. Es ist Niemand,
der diesen Preis unserem Kant streitig macht. Er ist vielleicht
der bedeutendste Denker überhaupt, wenn man die Geister ver=
gleichen darf, abgesehen von den geschichtlichen Bedingungen
ihrer Zeiten. Er ist unstreitig der erste Denker unseres
Zeitalters.

Bedarf es noch eines besonderen Grundes, um diesen deutschen Philosophen unserer Theilnahme näher zu bringen, so sei es seine Bedeutung für unsere Universität. Ohne Kant wäre Jena nie geworden, was es einige Jahrzehnte lang war: die erste Schule der deutschen Philosophie, der erste Schauplatz ihrer Entwicklung.

Wollen wir auch die jüngste Gegenwart berühren, die eben erst das Jubelfest eines deutschen Dichters auf eine so großartige und beispiellose Weise gefeiert hat, so sei daran erinnert, daß dieser Dichter ein Jünger der kantischen Philosophie war, in seiner sittlichen Denkweise ihr von sich aus verwandt, in seiner philosophischen von ihr abhängig.

In der Geschichte der Philosophie scheint es nöthig zu sein, daß sich in gewissen Zeitpunkten die Geister wieder einmal umwenden zu früheren festbegründeten Vorbildern, um sie gleichsam von Neuem zu entdecken und für den sicheren Fortschritt einen sicheren und gemeinschaftlichen Ausgangspunkt zu gewinnen. Unter den neueren Denkern vor Kant gibt es kaum Einen, der nicht in dieser Weise philosophische Bestrebungen unserer Gegenwart an sich gezogen hätte. Vielleicht ist die Zeit gekommen für eine neue Vertiefung in die kantische Philosophie, die bis heute nur die Wenigsten erst durchdrungen haben.

Indessen gilt unsere gegenwärtige Darstellung nicht der Philosophie Kant's, sondern ihm selbst. Wir wollen versuchen, so deutlich es uns gelingen mag, das Bild dieses Mannes nach seinen Lebensschicksalen und seiner Charaktereigenthümlichkeit zu zeichnen.

Von den Quellen, woraus wir schöpfen, sind die wichtigsten und ergiebigsten jene wenigen, dem Umfange nach geringen Berichte, die in dem Todesjahre Kant's erschienen und von Männern niedergeschrieben sind, die aus eigener Anschauung, zum Theil aus vieljährigem Umgange, den Philosophen selbst kannten. Sie gehörten unter seine Schüler, die wenigen, die ihm näher stehen durften, und die er später in den Kreis seiner

Hausfreunde aufnahm. Einer von diesen Berichten ist durch
einen besonderen Umstand begünstigt. Borowski, einer der
frühsten täglichen Schüler Kant's, hatte im Jahre 1792 eine
Lebensskizze seines Lehrers entworfen, die er in der Königsberger deutschen Gesellschaft vorlesen wollte. Natürlich theilte
er vorher diesen seinen Aufsatz Kant mit und bat um dessen
Einwilligung und prüfende Durchsicht. Und hierbei war es
ganz charakteristisch, daß Kant die Durchsicht zwar freundlich
gewährte, sich aber ernstlich verbat, daß vor seinem Tode irgend
ein öffentlicher Gebrauch von der Lebensskizze gemacht werde,
selbst die Vorlesung derselben in der Königsberger Gesellschaft
möge ihm der Verfasser ersparen. Er schickte die Arbeit mit
Randbemerkungen von seiner Hand zurück und sagte in dem
Begleitschreiben ebenso bescheiden als umsichtig, daß er sich
die zugedachte Ehre verbitten möchte, weil er Alles, was einem
Pomp ähnlich sehe, aus natürlicher Abneigung vermeide, zum
Theil auch weil der Lobredner gemeiniglich den Tadler auf=
suche. Das sagte Kant in einer Zeit, wo sein Ruhm bereits
unerschütterlich fest stand. Borowski's Skizze reicht nur bis
zum Jahre 1792, sie ist unvollständig, dürftig und in der
Auffassung des Philosophen bei aller Freigebigkeit im Lob
kurzsichtig im Urtheil. Doch behält sie ihren Werth in dem
glücklichen Umstand, daß sie Kant selbst gelesen und mit der
Feder in der Hand geprüft hat. Die beiden anderen Berichte,
mit Borowski's Schrift in demselben Jahre erschienen, er=
gänzen die letztere. Jachmann war Kant's Schüler und
Amanuensis während der berühmtesten Lebensperiode des Philosophen, von 1784 bis 1794, also in den Jahren, wo Kant
sein schon begründetes Lehrgebäude in allen Theilen aus=
führte. Die Briefe welche Jachmann unmittelbar nach dem
Tode Kant's herausgab, sind weniger eine Biographie als eine
Charakteristik. Endlich die letzten Lebensjahre Kant's schildert
uns Wasianski, der 1773 Kant's Zuhörer, später sein Ama=
nuensis war, seit 1790 zu seinen Hausfreunden gehörte und
in den letzten Jahren, als die Altersschwäche den Philosophen

übermannt hatte, dessen sämmtliche Angelegenheit besorgte.
Die vollständigsten Nachrichten von dem Leben Kant's giebt
Schubert in seiner Biographie.

I. Charakter und Zeitalter Kant's.

Das Leben Kant's hat nichts nach Außen Glänzendes,
ausgenommen den Ruhm, den er nicht suchte, aber bei der
Bedeutung seines Werks nicht vermeiden konnte und noch selbst
im größten Umfange erlebte. Vielleicht ist niemals mit einem
größeren Namen ein einfacheres Leben in bescheidener Stille
verbunden gewesen. Mit dieser geistigen weittragenden Größe,
mit dieser Ruhmeshöhe, bildet das Leben Kant's durch seine
stille Ebenmäßigkeit einen wohlthuenden Contrast. Diesem
Leben fehlt alle jene Großartigkeit, welche die Phantasie und
den Blick der Menge anzieht: sowohl die Größe, welche der
Schein, als die, welche das Schicksal giebt. Es ist nicht un=
interessant, in dieser Rücksicht das Leben Kant's mit dem seiner
Vorgänger zu vergleichen. Welcher Contrast zwischen Kant und
Bacon! Die höchsten Würden des Staats, Ehren und Reich=
thümer vereinigt dieser erste Begründer der neueren Philosophie
mit einer begehrlichen Liebe zum Schein, einer Prunk= und
Gewinnsucht, die den Lordkanzler von England bis zur äußer=
sten Unehrlichkeit verführen und einem schimpflichen Richter=
spruch preisgeben. Kant, der nie mehr als ein akademischer
Professor sein wollte, war in seiner Denk= und Handlungs=
weise die Einfachheit und Redlichkeit selbst. Sein Leben hat
nichts von jenen wilden Gegensätzen, in denen sich die Jugend
des Cartesius herumwirft: es ist unbewegt von jenem Drange
nach Außen, jener ungestümen Wander= und Reiselust, die das
Leben des französischen Philosophen bis zur Abentheuerlichkeit
zerstreuen. In sich gesammelt und zusammengehalten, schreitet
das Leben Kant's langsam und sicher vorwärts mit einer voll=
kommenen Regelmäßigkeit, in einer zunehmenden Concentra=
tion und Selbstvertiefung. Dieser Charakter ist in allen seinen
Zügen darauf angelegt, in sich selbst und nur in sich seinen

Mittelpunkt zu finden. Und eben ein solcher Charakter war
es, den die Philosophie der Selbsterkenntniß bedurfte. Und
wie sich der Geist dieses Mannes unverrückt auf den einen
Punkt richtet, den er nicht außer sich suchen kann, so stellt sich
dieses concentrirte Leben auch äußerlich, ich möchte sagen ört=
lich dar. Es haftet gleichsam an der Scholle. In dieser Rück=
sicht läßt sich Kant mit Sokrates vergleichen, den die Selbst=
vertiefung in Athen festhielt. Kant ist beinahe achtzig Jahre
geworden und hat seine Heimathsprovinz niemals, seine Vater=
stadt nur für die Zeit verlassen, wo er Hauslehrer war. Dieses
dem philosophischen Nachdenken allein gewidmete Leben ließe
sich Spinoza an die Seite stellen, aber es fehlen ihm jene
heftigen und furchtbaren Verfolgungen, die das Leben des ver=
stoßenen Juden vollkommen vereinsamt und ihm für alle Zeiten
den Stempel tragischer Größe aufgeprägt haben. Freilich sind
auch in Kant's Leben die Gegensätze und Verfolgungen nicht
ausgeblieben; aber sie kamen spät, sie waren im Grunde ge=
nommen bei aller schlimmen Absicht schwach, sie konnten weder
das schon vollendete Werk stören, noch dessen Urheber ernstlich
gefährden; es war eine widerwärtige Erfahrung, die sehr bald
durch eine günstige Schicksalswendung aufgehoben wurde und
ihre schlimmsten Folgen ihren Urhebern selbst zurückließ. Und
verglichen endlich mit dem größten deutschen Philosophen, der
dem Begründer der kritischen Philosophie voranging, mit
Leibniz, so hat das Leben Kant's nichts von der genialen
Vielgeschäftigkeit, die Leibniz nach allen Richtungen hin ent=
faltete, nichts von dem Glanze äußerer Ehren, die Leibniz
gern empfing, nichts von dem Ehrgeize, der solchem Glanze
nachgeht.

Mit Leibniz hat sich die neuere Philosophie, eine Frucht
des protestantischen Geistes deutschen Ursprungs, in Deutsch=
land einheimisch gemacht. Und diese deutsche Philosophie hatte
Leibniz in seiner Person bereits dem Staate zugeführt, in
dessen Macht und Beruf es seit dem westphälischen Frieden ge=
legt war, den deutschen Protestantismus zu schützen und zu

befördern. In einem gewissen Sinne hatte Leibniz selbst
diesem Staate angehört. Er fand sich an dem preußischen
Königshofe gastlich aufgenommen, die erste Königin Preußens
schenkte ihm ihre Freundschaft, seinen Vorträgen ihre Teil=
nahme, er wurde der Gründer der wissenschaftlichen Akademie
von Berlin. Auf dem Lehrstuhle einer preußischen Universität
entwickelte Wolf seine Philosophie, die erste, welche Deutsch
sprach. Und hier erlebte diese Philosophie der deutschen Ver=
standesaufklärung das doppelte Schicksal einer königlichen Ver=
treibung und einer königlichen Wiederherstellung. Mit Kant
rückt die deutsche Philosophie in den Kern der preußischen
Staaten. Leibnizens letzte Lebenszeit sonnte sich noch in dem
Glanze des eben aufgehenden preußischen Königthums. Wolf's
aufsteigende bedeutende Lehrwirksamkeit fällt unter die Regie=
rung Friedrich Wilhelm I., der ihn von Halle vertreibt. Unter
Friedrich dem Großen, der den Vertriebenen zurückruft, sinkt
allmälig das Gestirn dieser Philosophie. Kant's Leben erstreckt
sich durch achtzig Jahre der preußischen Geschichte, er erlebt
einen vierfachen Thronwechsel, und diese so verschiedenen Re=
gierungszeitalter bezeichnen sich, jedes in seiner Art, in dem
Leben und in den Schicksalen unseres Philosophen. Seine
Jugend und Erziehung fällt in das Zeitalter Friedrich Wil=
helm I.; sie ist ganz in jenem haushälterischen und strengen
Geiste bürgerlicher Zucht und Ordnung gehalten, der damals
vom Throne aus die bürgerlichen Classen durchdrang. Der
Pietismus selbst, der den Philosophen Wolf aus Halle ver=
trieben, hatte in Königsberg eine Pflanzschule gefunden, deren
Zögling Kant wurde. In demselben Jahre, wo Friedrich II.
den Thron besteigt, Wolf nach Halle zurückkehrt, bezieht Kant
die Universität. Seine akademische Laufbahn, seine aufsteigende
philosophische Entwicklung und Wirksamkeit, die kritische Epoche
selbst, gehören dem Zeitalter des großen Königs an und bilden
in dem Gemälde dieses Zeitalters einen der wichtigsten und
glänzendsten Züge. Dem äußern Fortkommen Kant's auf
seiner akademischen Laufbahn tritt zuerst der siebenjährige

Krieg hemmend in den Weg. In der folgenden Friedenszeit
reifen die ersten Früchte der kritischen Philosophie. Das Werk
steht in seinen Hauptgrundlagen fest, als das Zeitalter Friedrich's endet. Unter dem folgenden Könige, den die Feinde der
Aufklärung erobern, erfolgt — ein Zeichen jener Zeit! —
der gegen Kant gerichtete Angriff, der das vollendete Werk
nicht mehr hindert, aber dessen Urheber bedrückt, der schon die
ehrwürdige Last von siebzig Jahren trägt. Doch ist es dem
Greise vergönnt, noch einmal aufzuathmen unter der bessern
Zeit Friedrich Wilhelm's des Dritten.

II. Erziehung.

Immanuel Kant wurde den 22. April 1724 zu Königsberg geboren als das vierte Kind einer braven Handwerker-
familie in mäßigen, aber nicht gerade armen Vermögensumständen. Seine Voreltern stammten aus Schottland, und so ist
Kant durch eine Art volksthümlicher Verwandtschaft mit David
Hume verbunden, von dem er als Philosoph in erster Linie
herrührt. Der Vater, seines Zeichens ein Sattler, führte noch
in seinem Namen die schottische Schreibart Cant, erst unser
Philosoph änderte zeitig den Anfangsbuchstaben, um die falsche
Aussprache des Namens (Zant) zu vermeiden. Wie es bei
außerordentlichen Menschen oft der Fall ist, daß sie den stärksten
und nachhaltigsten Einfluß von der mütterlichen Seite emp-
fangen, so fühlte sich auch Kant besonders zu seiner Mutter
hingezogen, die auf seine Kindheit den mächtigsten Einfluß ausübte, sich auch dieses Kindes, wie es scheint, mit einer gewissen
Vorliebe annahm. Selbst die Gesichtszüge will Kant von der
Mutter geerbt haben, und noch in der spätesten Zeit sprach er
oft mit tiefer Rührung von seiner vortrefflichen Mutter. „Ich
werde meine Mutter nie vergessen," so äußerte er sich im ver-
traulichen Freundesgespräch), „denn sie pflanzte und nährte
den ersten Keim des Guten in mir, sie öffnete mein Herz den
Eindrücken der Natur, sie weckte und erweiterte meine Begriffe,

2*

und ihre Lehren haben einen immerwährenden heilsamen Ein=
fluß auf mein Leben gehabt."

Beide Eltern, besonders aber die Mutter, waren in ehr=
licher, schlichter und durchaus frommer Weise dem damals
herrschenden Pietismus ergeben, den man sich nicht nach der
Art des heutigen oder gestrigen vorstellen muß. Selbst im
Gegensatz gegen den starren Buchstabenglauben, suchte jener
Pietismus das menschliche Heil nicht in dem äußeren Be=
kenntniß, sondern in der Herzenserweckung und in der inneren
Reinheit und Frömmigkeit der Gesinnung. In dieser Richtung,
die natürlich die Glaubensstrenge nicht ausschloß, wirkte da=
mals in Königsberg mit besonderem Ansehen Dr. Franz Albert
Schulz, der 1731 als Prediger und Consistorialrath nach
Königsberg gekommen war, das Jahr darauf Professor der
Theologie wurde und im folgenden Jahre die Leitung der
Friedrichsschule (collegium Fridericianum) übernahm. Er
hat auf das ganze preußische Schulwesen im Sinne des da=
maligen Königs einen nachhaltigen Einfluß geübt. Zu diesem
Manne hegte Kant's Mutter ein besonderes Vertrauen. Ihn
frug sie wegen der Erziehung des Sohnes um Rath, und sie
befolgte den gegebenen Rath um so lieber, als ihr Schulz für
den Sohn die theologische Laufbahn empfahl. So wurde der
zehnjährige Knabe dem collegium Fridericianum übergeben,
das eben unter die Leitung seines Gönners gestellt war,
übrigens schon seit seiner Stiftung im Geiste des Pietismus
verwaltet wurde.

Ein eigenthümliches Schicksal hat die bahnbrechenden
Köpfe der neueren Philosophie von den Mächten erziehen lassen,
die sie später in dem entschiedensten Gegensatze bekämpfen:
Bacon von Scholastikern, Cartesius von Jesuiten, Spinoza
von Rabbinern, Kant von Pietisten! Indessen hat Kant unter
den Einflüssen der pietistischen Erziehungsweise nicht gelitten,
das enge Wesen der spezifischen Frömmelei blieb ihm fremd
und konnte schon in dem unmündigen Schüler keine Wurzel
fassen. Was der Pietismus Ungesundes und Verkehrtes hat

und Schwächeren mitzutheilen pflegt, das fand in Kant keiner=
lei empfänglichen Sinn. In einer Rücksicht wirkte der fromme
Geist des Pietismus fruchtbar auf sein Gemüth, nämlich in
der moralischen Strenge der Gesinnung und in der Gewissens=
zucht, die er verlangte und ausübte. Auch hat Kant niemals die
Dankbarkeit verleugnet, die er von Seiten der moralischen
Kräftigung dem Pietismus schuldig war. War doch die voll=
kommene und strengste Lauterkeit der Gesinnung später selbst
das Ziel, und zwar das höchste und einzige, dem er in seiner
philosophischen Sittenlehre folgte. Die Anlage zum sittlichen
Rigorismus in Kant ist von der pietistischen Zucht ohne
Zweifel mitgenährt und begünstigt worden. Schultz selbst ver=
einigte in seiner Person den engen Geist des Pietismus mit
dem streng moralischen, gewissenhaften, menschenfreundlichen
Charakter, er nahm sich des anvertrauten Zöglings mit Für=
sorge an und war Kant und dessen Eltern ein väterlicher
Freund und Wohlthäter. Kant gedachte seiner bis in das
späteste Alter mit wärmster Dankbarkeit, und es gehörte zu
seinen Lieblingswünschen, dem Lehrer und Wohlthäter seiner
Jugend ein öffentliches Denkmal der Pietät zu hinterlassen.
    Von seiner siebenjährigen Schulzeit (1733—1740) läßt
sich wenig Bemerkenswerthes berichten. Er war ganz das
Gegentheil eines frühreisen Genies. Die Schule war der Schau=
platz nicht, auf dem seine Fähigkeiten und außerordentlichen
Geisteskräfte sich schon glänzend und in erstaunlicher Weise
offenbaren konnten. Von Haus aus ein schwächlicher Knabe
von zartem, unkräftigen Körperbau, mit einer platten, einge=
bogenen Brust und von einer etwas schiefen Haltung, mußte
sich Kant erst durch einen starken Aufwand der Willenskraft
das tüchtige Selbstgefühl und die geistige Spannkraft gewinnen.
Besonders waren es zwei Hindernisse, mit denen er zu kämpfen
hatte und die mit seiner körperlichen Verfassung zusammen=
hingen: die Schüchternheit und die Vergeßlichkeit, zwei
Mängel, die schon genug sind, um die Talente eines Knaben
zu verbergen. Bis auf einen gewissen Grad ist Kant diese ihm

angeborene Schüchternheit nie losgeworden. Sie wurde zugleich durch seine Bescheidenheit unterstützt. Daneben zeigte
er schon früh Züge schneller Geistesgegenwart, die ihm bei
den kleinen Gefahren, wie sie Knaben zu begegnen pflegen, zu
Gute kam. Er war schüchtern, nicht furchtsam. Man konnte
schon sehen, daß er Willenskraft und Verstand genug hatte,
um jene lästigen Hindernisse zu bezwingen, womit die Natur
ihm in den Weg trat. Je weiter er auf der Bahn der Schule
vorwärts schritt, um so bemerkbarer wurden auch seine Fähigkeiten, mit denen der Eifer im Lernen Hand in Hand ging.
Was den Unterricht selbst betrifft, so war dieser in den classischen Objecten, namentlich im Lateinischen, durch Heydenreich am besten, — dagegen in der Mathematik und Philosophie sehr kümmerlich bestellt. So kam es, daß sich Kant damals mit Vorliebe den classischen Studien zuwendete und
von dem künftigen Philosophen auf der Schule nichts wahr-
zunehmen war. Besonders wurden die römischen Schriftsteller eifrig gelesen und daran sowohl der Stil als das Gedächtniß geübt. Er lernte das Latein richtig und mit Leichtigkeit schreiben, so daß er später auch die spröden Materien der
Metaphysik in einem geübten Schullatein wohl auszudrücken
verstand; sein Gedächtniß war in die römischen Poeten so
eingelebt, daß er bis in sein Alter ihre vorzüglichsten Stellen,
namentlich des Lucretius Gedicht von der Natur der Dinge,
auswendig wußte. Damals war Kant entschlossen, sich ganz
der Philologie zu widmen. Schon sah er sich im Geiste als
künftigen Philologen, der lateinische Bücher schreibt und auf
deren Titel den Namen „Cantius" setzt. In diesem Eifer
für die römischen Schriftsteller und in diesen Plänen für den
eigenen Lebensberuf traf Kant mit zweien seiner Mitschüler
zusammen, deren einer in der That diesen Jugendgedanken auf
eine weltkundige Weise erfüllt hat: das war David Ruhnken
aus Stolpe, der als „Ruhnkenius" in der philologischen Welt
einen berühmten Namen erreichte. Der andere war Martin
Kunde aus Königsberg, dessen Talente von der Noth des

Lebens niedergehalten, in einer kleinen Lebensstellung ver=
kümmerten; er starb als Rector der Schule zu Rastenburg.
Die drei Jünglinge wetteiferten im Studium der Philologie,
lasen zusammen ihre Lieblingsschriftsteller und machten ge=
meinschaftlich ihre Pläne für die Zukunft. Seitdem waren
viele Jahre vergangen, Ruhnken und Kant waren beide be=
rühmte akademische Lehrer geworden, der eine in Leiden, der
andere in Königsberg. Da schrieb Ruhnken im Jahr 1771
an Kant und erinnerte den alten Freund in einer classischen
Epistel an die gemeinschaftliche Jugendzeit auf dem collegium
Fridericianum. Von dem Philosophen Kant wußte Ruhnken
damals nicht mehr, als er von Hörensagen und hie und da
aus Recensionen über dessen Schriften erfahren hatte; eine
dieser Schriften hatte ihm der Zufall selbst zugeführt. Er wußte
soviel, daß Kant es mit der englischen Philosophie halte
und auf deren Untersuchungen den größten Werth lege. Er
bittet Kant, seine Bücher lateinisch zu schreiben, damit auch
die Holländer und Engländer sie lesen können; es müsse ihm
leicht werden, da er ja von der Schule her sich vortrefflich
auf das Lateinschreiben verstehe. Ueberhaupt muß Kant, als
er mit Ruhnken die oberste Classe besuchte, unter die besten
Schüler gezählt haben. Wenigstens als solcher ist er dem
Freunde im Gedächtniß, der von ihm schreibt: „erat tum ea
de ingenio tuo opinio, ut omnes praedicarent, posse te,
si studio nihil intermisso contenderes, ad id, quod in literis
summum est, pervenire." Die lateinische Rhethorik mag in
dieser Stelle jene Erwartungen vielleicht vergrößert haben.
Die erste Jugenderinnerung gleich im Anfange des Briefes
gilt den pietistischen Lehrmeistern, deren Zucht in dem An=
denken des classischen Philologen beinahe wie ein böses Aben=
theuer erscheint, das die beiden Freunde glücklich und zu ihrem
Besten bestanden haben: „Anni triginta sunt lapsi, cum uter-
que tetrica illa quidem, sed utili nec poenitenda fana-
ticorum disciplina continebamur."

Die philosophischen und mathematischen Wissenschaften

hatten auf der Schule keinen Heydenreich gefunden. Der Unterricht in diesen Fächern blieb ohne jede Wirkung. So oft Kant später an diese Lehrstunden zurückdachte, kam er mit seinem Freund Kunde überein, daß ihre damaligen Lehrer auch nicht einen Funken Philosophie in ihnen zur Flamme bringen, sondern höchstens ausblasen konnten.

III. Universität. Die akademische Bildungszeit.

Gerade umgekehrt verhielt es sich mit der Universität. Die Wissenschaften, die auf dem Fridericianum am meisten vernachlässigt gewesen, fanden sich auf der Universität mit den besten Lehrkräften ausgerüstet. Philosophie und Mathematik las der talentvolle, jugendliche Martin Knutzen, Physik Gottfried Teske. Hier ging unserem Kant die neue Welt auf, die seine Heimath werden sollte. Jener Funke in ihm, den die Schule nicht hatte erwecken können, entzündete sich hier zur hellen Flamme, die später für die denkende Welt eine erleuchtende Sonne wurde. Den größten Einfluß auf Kant übte Knutzen, der ihn in das Studium der Mathematik und Philosophie vollständig einführte, mit den Werken Newton's bekannt machte, und als Lehrer und Freund den Lernenden mit Rath und That unterstützte.

Kant war ursprünglich bei der theologischen Facultät ein=geschrieben und schon auf der Schule für das theologische Fach bestimmt worden. Er hatte die dahin gehörigen Vorlesungen, namentlich die dogmatischen bei Schultz, seinem früheren Schul=director, sehr gewissenhaft gehört und sich vollkommen an=geeignet, auch schon in den Landkirchen der Nachbarschaft einigemal gepredigt, also seine theologische Schule gemacht, als er sich und seine Laufbahn von diesem Berufe lossagte. Gründe verschiedener Art mögen ihn dazu bestimmt haben. Der mächtigste Grund war ohne Zweifel seine entschiedene Vor=liebe für die philosophischen und mathematischen Wissen=schaften; der zweite Grund, der gegen die Theologie wog, mochte in dieser selbst liegen, namentlich in der pietistischen

Richtung, die sie genommen, die sich auf der Universität schlimmer entblößte als auf der Schule, widerwärtiger als Dogmatik denn als Moral und Disciplin war, und die dem künftigen Geistlichen als das Joch erschien, unter welchem allein er in ein kirchliches Amt eintreten konnte. Man kann sich vorstellen, wie unerträglich ein solcher Gewissenszwang einem Kant sein mußte; wie gern er deshalb, jenes Joch zu vermeiden, die Theologie aufgab. Als Theologe hatte Kant gehofft, in Königsberg eine Unterlehrerstelle zu erhalten; er wünschte es, um in der Universitätsstadt bleiben und seinen wissenschaftlichen Interessen leben zu können. Solche Lehrer= stellen waren damals auf der theologischen Laufbahn gewöhn= lich die ersten Stationen, die dem geistlichen Amte voraus= gingen. Kant erhielt die Stelle nicht und wurde gegen einen sehr unbedeutenden Mitbewerber um das sehr unbedeutende Amt zurückgesetzt. Dies mochte der letzte, praktische Grund sein, der ihn für immer von der theologischen Bahn entfernte.

Nun konnte auch seines Bleibens in Königsberg nicht länger sein. Das Wenige, das er sich durch Privatunterricht verdient hatte und etwa verdienen konnte, reichte zu seinem Lebensunterhalte nicht aus, und da sich jetzt durch den Tod seines Vaters (1746) die Vermögensumstände Kant's noch ver= schlimmert hatten, so blieb ihm nichts übrig, als Königsberg zu verlassen und als Hauslehrer seine äußere Lage ökonomisch zu sichern. In dieser Stellung konnte er hoffen, so viel Zeit zu erübrigen, um seine wissenschaftlichen Studien fortzusetzen, daneben vielleicht so viel Geld zu sparen, um später seinem eigentlichen Berufe zu leben. Sein Lebensziel war das aka= demische Lehramt. Um diese Laufbahn zu betreten, brauchte Kant neben der wissenschaftlichen ganz besonders eine ökono= mische Vorbereitung, die vielleicht mehr Zeit als jene ver= langte. Hatte er doch seine wissenschaftliche Befähigung schon durch eine glänzende Leistung bewiesen. Im Wendepunkte nämlich seiner akademischen Lehrjahre und seines Hauslehrer= lebens, gleichsam zum Abschluß der akademischen Lebens=

periode, schrieb er die erste seiner Abhandlungen: „die Ge=
danken von der wahren Schätzung der lebendigen
Kräfte in der Natur," worin er eine schwierige und tief=
gehende Streitfrage der Naturphilosophie selbständig zu lösen
unternahm. Die Schrift ließ er auf eigene Kosten drucken,
unterstützt durch einen seiner mütterlichen Verwandten. Diese
Arbeit, womit er seinen ersten akademischen Lebenslauf ab=
schließt, ist der erste Schritt auf der neuen Laufbahn.

Neun Jahre lang (1746 bis 1755) war Kant Hauslehrer
in drei verschiedenen Familien, zuerst bei einem reformirten
Prediger in der Nähe von Gumbinnen, dann bei dem Ritter=
gutsbesitzer von Hülsen auf Arensdorf bei Mohrungen, zuletzt
im Hause des Grafen Kayserling zu Rautenburg, der den
größten Theil des Jahres in Königsberg selbst lebte. Diese
neun Jahre bilden eine stille Periode im Leben Kant's. Um=
ständliche Berichte von dieser Zeit haben wir keine. Kant selbst
hat sich das Zeugniß gegeben, daß seine pädagogische Theorie
besser gewesen sei als seine Praxis, oder, wie er sich mit etwas
zugeschärftem Contrast auszudrücken pflegte, daß es kaum jemals bei besseren Grundsätzen einen schlechteren Hofmeister ge=
geben habe. Uebrigens muß er sich mit großer Geschicklichkeit
und gutem Takt in die schwierigen Verhältnisse einer Haus=
lehrerstellung eingelebt haben. Wenigstens hat er sich dauernd
die Liebe und Anhänglichkeit seiner Zöglinge und in hohem
Grade die Achtung der Eltern erworben. Den Familien Hülsen
und Kayserling blieb er befreundet und vertraut und nament=
lich mit der letztern in stetem gesellschaftlichen Verkehr. Einer
der jungen Hülsen wurde ihm später als Pensionär anvertraut,
und man hat bemerkt, daß Kant's Zöglinge aus der Familie
Hülsen unter den ersten Gutsbesitzern Preußens waren, welche
die Unterthänigkeitsverhältnisse der Bauern aufhoben.

IV. Das akademische Lehramt und die Laufbahn.

Endlich war mit dem Jahr 1755 der für die Habilitation
gelegene und reife Zeitpunkt gekommen. Politisch war dieser

Zeitpunkt freilich sehr ungünstig; es war ein Jahr vor dem
Ausbruch des siebenjährigen Krieges. Mit einer Abhandlung
über das Feuer, die sich den ganzen Beifall seines früheren
Lehrers Teske erwarb, promovirte Kant den 12. Juni 1755.
Mit einer zweiten Abhandlung über die Principien der meta=
physischen Erkenntniß, die er am 27. September desselben
Jahres öffentlich vertheidigte, wurde Kant Privatdocent der
Philosophie an der Universität Königsberg. Zufolge einer
königlichen Verordnung vom Jahr 1749 sollte Keiner zu einer
außerordentlichen Professur vorgeschlagen werden, der nicht
vorher dreimal über eine gedruckte Abhandlung disputirt habe.
Diese letzte Bedingung erfüllte Kant im April 1756 mit einer
Abhandlung über die physische Monadologie. Damit waren
die ersten Stationen der akademischen Laufbahn glücklich zurück=
gelegt. Bis hierher konnte Kant sich selbst befördern und die
Sache ging schnell. Von jetzt an mußten Schicksal und Um=
stände mithelfen, und da diese ungünstig und schwierig waren,
so ging es mit dem äußeren Fortkommen auf der betretenen
Laufbahn außerordentlich langsam. Kant sollte fünfzehn Jahre
Privatdocent sein, bevor es ihm vergönnt wurde, in das
ordentliche akademische Lehramt einzutreten.

Gleich an dieser Stelle wollen wir die Hindernisse an=
führen, die Kant in den Weg traten und den Fortgang seiner
akademischen Laufbahn so sehr erschwerten. Bald nach jener
dritten Disputation hatte sich Kant zu einer außerordent=
lichen Professur der Mathematik und Philosophie gemeldet.
Durch den Tod seines Lehrers Knutzen war die Stelle schon
seit 1751 erledigt. Aber schon stand der Krieg vor der Thür,
und die preußische Regierung hatte beschlossen, die außer=
ordentlichen Professuren nicht mehr zu besetzen. Die Bewerbung
schlug also fehl. Zwei Jahre später (1758) erledigte sich die
ordentliche Professur der Logik und Metaphysik, die trotz des
Krieges besetzt werden mußte. Kant bewarb sich um die Stelle,
mit ihm ein anderer Privatdocent, Namens Buck, der die=
selben Fächer als Kant und länger als dieser lehrte. Schon im

Anfang des Jahres hatten sich die Russen der Provinz Preußen bemächtigt und am 22. Januar ihren Einzug in Königsberg gehalten. Die ganze Verwaltung der Provinz, die militärische und bürgerliche, also auch die Besetzung der akademischen Aemter, lag in der Hand eines russischen Generals. Kant's Bewerbung wurde von seinem alten Lehrer Schultz unter= stützt, dessen Benehmen bei dieser Gelegenheit charakteristisch genug war. Das alte Wohlwollen für den ehemaligen Schütz= ling kämpfte in ihm mit dem Verdacht gegen den der Theologie abtrünnigen Philosophen. Schultz selbst war ein orthodoxer Wolfianer, Kant hatte sich in seiner Habilitationsschrift in entscheidenden Punkten gegen Wolf erklärt. So befand sich Schultz aus mehr als einem Grunde Kant gegenüber in einer getheilten Stimmung. Ueber den Glaubenspunkt aber wollte er vor Allem sicher sein. Er ließ Kant zu sich rufen und frug ihn gleich beim Eintritt in's Zimmer sehr feierlich: „Fürchten Sie auch Gott von Herzen?" Offenbar wollte er mit dieser Frage mehr, als, wie Borowski etwas einfältig vorgiebt, sich unter diesem Siegel der Verschwiegenheit Kant's versichern. Auch diesmal war Kant nicht glücklich. Der russische General schlug ihm die Stelle ab und gab sie dem Mitbewerber.

Gegen Ende des Krieges wurden die Zeiten günstiger. Mit der Thronbesteigung Peter III. im Anfange des Jahres 1762 kam es zum Frieden zwischen Preußen und Rußland, und die russische Feindschaft verwandelte sich in Bundesgenossen= schaft. Die eroberten Provinzen wurden zurückgegeben und die Universität Königsberg kam wieder unter preußische Ver= waltung. Kant hatte durch seine Vorlesungen und Schriften, deren eine gerade damals von der Berliner Akademie mit dem zweiten Preise gekrönt wurde, die Aufmerksamkeit der preußischen Regierung auf sich gezogen. Er sollte die erste er= ledigte Professur erhalten. Nun wollte ein neues Mißgeschick, daß diese im Juli 1762 erledigte Professur die der Dichtkunst war. Natürlich dachte Kant nicht daran, sich um diese Stelle zu bewerben, in deren Function es lag, alle Gelegenheitsge=

dichte zu censiren, zu allen akademischen Feierlichkeiten, zu
Weihnachten, zum königlichen Krönungsfeste, zum Geburts=
tage des Königs u. s. f. officielle Gedichte zu machen. Als nun
nach geschlossenem Kriege die Stelle besetzt werden sollte, rich=
tete sich das Augenmerk der Regierung auf Kant. Der
Minister, dem die Leitung der preußischen Universitäten anver=
traut war, schrieb an das Curatorium von Königsberg und er=
kundigte sich nach einem gewissen dortigen Magister, Namens
Immanuel Kant, der dem Ministerium durch einige seiner
Schriften, aus denen eine sehr gründliche Gelehrsamkeit her=
vorleuchte, bekannt geworden sei: ob derselbe die nöthigen
Gaben und auch die Neigung habe, Professor der Dichtkunst
zu werden? Kant lehnte diese ihm angebotene Stelle ab und
empfahl sich der Regierung für bessere Gelegenheit. Der
Minister verfügte, „daß der Magister J. Kant zum Nutzen
und Aufnehmen der Königsberger Akademie bei einer ander=
weitigen Gelegenheit placirt werden solle."

Die Gelegenheit kam im folgenden Jahre. Aber noch
war es kein akademisches Lehramt, sondern die bescheidene
Stelle eines Unterbibliothekars an der königlichen Schloßbib=
liothek mit dem noch bescheideneren Gehalte von 62 Thalern
jährlichen Einkommens. Diese Stelle wurde durch Kabinets=
ordre vom 14. Februar 1766 „dem geschickten und durch seine
gelehrten Schriften berühmt gemachten Magister Kant" über=
geben. Es war seine erste amtliche Stellung. Er empfing sie
in seinem 42. Jahre.

Endlich nach fünfzehnjährigem Zuwarten und so vielen
vergeblichen Bemühungen gelangte Kant an das längst ver=
diente Ziel. Im November 1769 erhielt er für sein specielles
Lehrfach den Ruf als ordentlicher Professor nach Erlangen,
im Januar des folgenden Jahres einen ähnlichen Ruf nach
Jena. Da Kant in Königsberg selbst keine Aussichten hatte,
so stand er im Begriff, den Ruf nach Erlangen anzunehmen.
Auf eine vorläufige Anfrage hatte er sich bereits bejahend er=
klärt. Da eröffnete sich noch zu guter Stunde in Königsberg

selbst eine den Wünschen Kant's entsprechende Aussicht. Die
Professur der Mathematik wurde erledigt. Buck, der damals
jene Professur der Logik und Metaphysik erhalten hatte, welche
der russische Gouverneur Kant abgeschlagen, kam an die erledigte Stelle, und Kant wurde an Buck's Stelle im März 1770
ordentlicher Professor der Logik und Metaphysik. Es war also
dieselbe Stelle, um die sich Kant zwölf Jahre vorher vergeblich
bemüht hatte. Die Schrift, die er zum Antritt seiner Professur
am 20. August 1770 öffentlich vertheidigte, handelte „von
der Form und den Principien der sinnlichen und intelligibeln
Welt." Marcus Herz, einer seiner nächsten und reifsten
Schüler, war bei dieser Gelegenheit Kant's Respondent. Die
Schrift selbst enthielt bereits die Grundlagen der kritischen
Philosophie. Kant hatte die neue Bahn gefunden und betreten
und vertheidigte in jener Schrift schon die Grundbegriffe einer
völlig neuen Philosophie. So bildet das Jahr 1770 einen
großen Wendepunkt in seinem Leben; es ist epochemachend sowohl rücksichtlich seiner äußeren Lebensstellung als seiner inneren wissenschaftlichen Entwicklung.

Diese Stellung hat Kant ohne jeden Nebenschmuck bis zu
seinem Tode eingenommen und mit gewissenhafter Pünktlichkeit, so lange er es vermochte, die Amtspflichten derselben erfüllt. Im Jahr 1772 gab er sein zeitraubendes und in mancher
andern Rücksicht lästiges Amt bei der Bibliothek auf und widmete sich ganz seinen Vorlesungen und Studien. Die große
Idee einer vollkommenen Umbildung und Reformation der
Philosophie beschäftigte ihn während dieses Jahrzehnts unaufhörlich. Langsam rückte er in der Facultät aufwärts.
Nur die vier ersten Mitglieder derselben waren zugleich Bei-
sitzer des akademischen Senats. Im Jahr 1780 rückte Kant
in die vierte Stelle der Facultät und damit zugleich in den
Senat ein. Im Sommer 1786 war er das erstemal Rector
der Universität und hatte als solcher im Namen der Albertina
den König Friedrich Wilhelm II. anzureden, der eben damals
den Thron bestiegen und zur Huldigung nach Königsberg

gekommen war. Borowski hat in seiner Handschrift bemerkt,
daß Kant bei dieser Gelegenheit von dem Minister Herzberg
besonders ausgezeichnet wurde. Es ist bemerkenswerth, daß
Kant, der solchen Ehren nicht nachging, die Stelle gestrichen
hat. Im Sommer 1788 war er zum zweitenmal Rector und
noch vor dem Jahre 1792 Senior sowohl der philosophischen
Facultät als der gesammten Akademie.*

V. Akademische Lehrthätigkeit.

Wir haben die äußern Umrisse seiner amtlichen Stellung
bezeichnet. Es liegt zunächst, daß wir auf die Function derselben, die Lehrthätigkeit Kant's, die Art und den Umfang
seiner akademischen Vorträge unsere Aufmerksamkeit richten.
Im Wintersemester von 1755 zu 1756 hielt er seine erste Vorlesung. Borowski war zugegen, als Kant dieselbe eröffnete.
„Er wohnte damals," so erzählt dieser Zeuge, „im Hause
des Professor Kypke auf der Neustadt und hatte hier einen ge-
räumigen Hörsaal, der sammt dem Vorhause und der Treppe
mit einer beinahe unglaublichen Menge von Studierenden an-
gefüllt war. Dieses schien Kant äußerst verlegen zu machen.
Er, ungewohnt der Sache, verlor beinahe alle Fassung, sprach
leiser noch als gewöhnlich, corrigirte sich selbst oft, aber gerade
dies gab unserer Bewunderung des Mannes, für den wir
nun einmal die Präsumtion der umfänglichsten Gelehrsamkeit
hatten, und der uns hier blos sehr bescheiden, nicht furchtsam vorkam, nur einen desto lebhafteren Schwung. In der
nächstfolgenden Stunde war es schon ganz anders. Sein Vortrag war, wie er es auch in der Folge blieb, nicht allein gründlich, sondern auch freimüthig und angenehm." So Viele ihn
gehört haben, rühmen es seinen Vorträgen nach, daß sie
außerordentlich lehrreich und anregend waren und bisweilen,
wenn es der Gegenstand mit sich brachte, sogar schwungvoll

* Um seine ökonomische Stellung zu charakterisiren, genüge die Thatsache,
daß Kant nach dem Regierungsantritt Friedrich Wilhelms II. eine Zulage
von 220 Thalern erhielt und seitdem ein Jahrgehalt von 620 Thalern hatte.

und erhebend sein konnten. Kant hatte in seinen Vorträgen
stets die wahre Aufgabe des akademischen, namentlich des
philosophischen Lehrers vor Augen. Er wollte weniger Ge=
gegebenes überliefern, als anregen und die Geister zur Selbst=
thätigkeit und zum Selbstdenken wecken. Er hat es unzählige=
mal auf dem Katheder ausgesprochen, daß man bei ihm nicht
Philosophie lernen solle, sondern philosophiren. Da=
rum war ihm die Ueberlieferung ausgemachter und fertiger
Resultate keineswegs die Hauptsache, sondern er machte selbst
vor den Zuhörern die Untersuchung, zeigte die wissenschaftliche
Operation, ließ vor ihnen allmälig die richtigen Begriffe ent=
stehen, zog auf diese Weise deren selbstthätiges Denken mit
in seinen Vortrag hinein, und verlangte durch diese Lehr=
methode die Aufmerksamkeit und volle Geistesgegenwart derer,
die ihn hörten. Solche Vorträge waren freilich nicht für Jeder=
mann, sie waren auf die empfänglichen und guten Köpfe be=
rechnet und mußten sich gefallen lassen, daß der zahlreiche
Mittelschlag mit der Zeit wegblieb. Schon die schreibenden
Zuhörer fielen ihm unangenehm auf, er wollte solche, deren
Aufmerksamkeit ganz und ungetheilt dem Vortrag gehörte.
Bei diesem steten und glücklichen Bestreben, die Zuhörer zum
Selbstdenken zu bewegen, die Wahrheit weniger mitzutheilen
als in den Anderen entstehen zu lassen, hat sich Kant auf dem
Katheder und als Lehrer der Philosophie eigentlich niemals
dogmatisch verhalten.

    Er las, wie es die Sitte mit sich brachte, nach vorhandenen
Lehrbüchern. Und bei den vielen Vorlesungen, die er hielt,
war dieses Hülfsmittel sowohl für ihn selbst als die Zuhörer
nöthig. Indessen ließ er sich durch das Lehrbuch nicht binden
und setzte seinen Vortrag nicht herab zu einer abhängigen Er=
klärung der gedruckten Paragraphen. Die Freiheit der eigenen
Gedankenentwicklung, die er in seinen Zuhörern wecken wollte,
nahm er sich selbst. So überließ er sich oft ungezwungen dem
Lauf seiner Gedanken, und nur wenn diese zuletzt sich zu weit
von dem gegebenen Thema entfernt hatten, ließ er den Faden

plötzlich mit einem „und so fortan" oder „und so weiter" fallen und kehrte mit dem gewöhnlichen „in summa meine Herren!" schnell zu der eigentlichen Untersuchung zurück. Was die Zu= hörer besonders fesselte, auch die zum Selbstdenken weniger fähigen und aufgelegten Köpfe, war neben jener Freiheit seines Vortrags noch die belebte Stimmung desselben, die an= muthigen, interessanten, bisweilen selbst poetischen Wendungen, die er zu nehmen wußte, indem er aus der Fülle seiner Be= lesenheit Beispiele aller Art, aus Poeten, Reisebeschreibungen, Geschichtswerken, zur Veranschaulichung des Vortrags her= beizog. Da bei dieser Art des Vortrags seine ganze Aufmerk= samkeit bei der Sache sein mußte, so waren ihm Störungen sehr peinlich. Die geringste Kleinigkeit, die außergewöhnlich war, wie z. B. die auffallende Tracht eines Studenten, konnte ihn zerstreuen. Jachmann erzählt von dieser Art einen charak= teristischen und komischen Fall. Kant pflegte, um sich auch äußerlich zu sammeln, bei seinem Vortrage gewöhnlich einen der nächsten Zuhörer genau in's Auge zu fassen und gleichsam an diesen seine Demonstrationen zu richten. Eines Tages findet er einen Zuhörer vor sich, dem zufällig ein Knopf fehlt. Kant bemerkt die augenscheinliche Lücke, unwillkürlich kehrt sein Blick immer wieder auf die Stelle zurück, wo er den Knopf vermißt, es ist ihm, als ob er eine Zahnlücke vor sich hätte, und er ist während des ganzen Vortrags auffallend zerstreut.

Der engere Kreis seiner Vorlesungen umfaßte die Fächer, für welche Kant sich habilitirt hatte: Mathematik, Physik, Logik und Metaphysik; der weitere: Naturrecht, Moral, natür= liche Theologie, physische Geographie und Anthropologie. In den ersten Jahren beschränkte sich Kant auf den engeren Kreis. Die Lehrbücher, nach denen er las, waren in der Mathematik und Physik die von Wolf und Eberhard, in der Logik der Leit= faden von Baumeister, später der von Meyer, in der Meta= physik zuerst Baumeister, dann Baumgarten.

Seit 1760 dehnte er seinen Cyclus allmälig aus, um belehrend und anregend auf weitere Kreise theils der aka=

demischen Fachstudien theils der wissenschaftlichen Bildung
überhaupt einzuwirken. So las er für die Theologen Reli=
gionsphilosophie oder natürliche Theologie, für die weitesten
Kreise Anthropologie und physische Geographie. Nachdem er
in den Jahren 1763 und 1764 seine Abhandlung über den
einzig möglichen Beweisgrund zu einer Demonstration vom
Dasein Gottes und seine Beobachtungen über das Gefühl des
Schönen und Erhabenen geschrieben hatte, nahm er auch diese
Gegenstände in seinen Cyclus auf: „die Kritik der Beweise
vom Dasein Gottes" und „die Lehre vom Schönen und Er=
habenen."

Vierzig Jahre lang hat Kant sein Lehramt mit dem
größten Eifer verwaltet. Dann traten die Hemmungen ein:
zuerst wurden ihm seine Vorlesungen durch den Conflict mit
der Regierung verleidet, bald darauf durch die zunehmende
Altersschwäche unmöglich gemacht. Im Jahre 1794 hörte er
auf, über rationale Theologie, diesen der Regierung anstößigen
Gegenstand, zu lesen. Mit dem Sommer 1795 gab er alle
Privatvorlesungen auf und hielt nur noch die öffentlichen Vor=
träge über Logik und Metaphysik. Mit dem Herbst 1797
schloß er seine gesammte Lehrthätigkeit für immer.

Er las täglich zwei Stunden, die fest bestimmt waren, wie
überhaupt seine ganze Eintheilung der Zeit. In früheren
Jahren las er sogar vier bis fünf Stunden täglich. Viermal
die Woche las er früh von 7—9, zweimal von 8—10, dazu kam
Sonnabends von 7—8 das Repetitorium. Diese Stunden hielt
er mit der größten Pünktlichkeit. Jachmann versichert, daß
ihm in den neun Jahren, während deren er Kant's Vor=
lesungen hörte, auch nicht ein Fall erinnerlich sei, daß er hätte
eine Stunde ausfallen lassen, oder daß er auch nur eine Viertel=
stunde versäumt hätte.

Es ist begreiflich, daß im Lauf der vierzig Jahre die
Kraft des Vortrags allmälig erlosch, zumal derselbe niemals
durch äußere Mittel, namentlich nicht durch die stets leise
Stimme, begünstigt wurde. So lange die innere Lebendigkeit

des Vortrags, der Name des Lehrers, die Neuheit der Sache
auf die Zuhörer wirkten, war das schwache Organ Kant's ein
Grund mehr, die Aufmerksamkeit der Hörenden zu schärfen.
Mit der Zeit mochte der Vortrag auch an jener innern Leben=
digkeit einbüßen. In den ersten Jahren vermochte Kant sehr
eindringlich auf die Zuhörer zu wirken und die empfänglichsten
unter ihnen mit sich fortzureißen, besonders wenn er mit
Hülfe seiner Lieblingsdichter, Haller und Pope, sich auch der
Phantasie zugänglich machte. Es war ein solcher Vortrag,
der einen der Zuhörer einst so mächtig ergriff, daß dieser die
Gedanken des Vortrags in einem Gedichte wiedergab, welches
er am andern Morgen Kant selbst überreichte. Dem Philo=
sophen gefiel das Gedicht so sehr, daß er es im Auditorium
vorlas. Dieser poetische Zuhörer war Herder, der damals
(von 1762 bis 1764) in Königsberg studirte und die kantischen
Vorlesungen hörte. Im Rückblick auf jene akademische Jugend=
zeit hat Herder in den Briefen zur Beförderung der Humanität
seinen damaligen Lehrer mit lebhaften und warmen Farben
geschildert. Die Stelle, die er dem Andenken Kant's widmet,
erhebt ihn selbst mehr, als seine spätere übelgestimmte und
verfehlte Polemik gegen die kritische Philosophie. „Ich habe
das Glück genossen," schreibt Herder, „einen Philosophen zu
kennen, der mein Lehrer war. Er in seinen blühendsten Jahren
hatte die fröhliche Munterkeit eines Jünglings, die, wie ich
glaube, ihn auch in sein spätestes Alter begleitet. Seine offene,
zum Denken gebaute Stirne war ein Sitz unzerstörbarer Heiter=
keit und Freude, die gedankenreichste Rede floß von seinen
Lippen, Scherz und Witz und Laune standen ihm zu Gebot,
und sein lehrender Vortrag war der unterhaltendste Umgang.
Mit eben dem Geist, mit dem er Leibniz, Wolf, Baumgarten,
Crusius, Humen prüfte und die Naturgesetze Newton's, Kepp=
ler's, der Physiker, verfolgte, nahm er auch die damals er=
scheinenden Schriften Rousseau's, seinen Emil und seine
Heloise, so wie jede ihm bekannt gewordene Naturentdeckung
auf, würdigte sie und kam immer zurück auf unbefangene Kennt=

3*

niß der Natur und auf den moralischen Werth des Menschen.
Menschen-, Völker-, Naturgeschichte, Naturlehre und Erfah=
rung waren die Quellen, aus denen er seinen Vortrag und
Umgang belebte; nichts Wissenswürdiges war ihm gleichgiltig;
keine Kabale, keine Secte, kein Vorurtheil, kein Namensehr=
geiz hatte je für ihn den mindesten Reiz gegen die Erweiterung
und Aufhellung der Wahrheit. Er munterte auf und zwang
angenehm zum Selbstdenken; Despotismus war seinem Ge=
müthe fremd. Dieser Mann, den ich mit größter Dankbar=
keit und Hochachtung nenne, ist Immanuel Kant: sein Bild
steht angenehm vor mir."

Dreißig Jahre später kam Fichte nach Königsberg, um
Kant kennen zu lernen. Nachdem er ihn im Auditorium ge=
hört, schreibt er in sein Tagebuch: „ich hospitirte bei Kant und
fand auch da meine Erwartungen nicht befriedigt. Sein Vor=
trag ist schläfrig." Fichte kam mit einer überspannten Ima=
gination von Kant nach Königsberg, die der wirkliche Kant
nicht erfüllte. Das ist kein Tadel für Kant, im Gegentheil.
Dabei kann Fichte's Urtheil in seiner Weise eben so richtig
sein als das Herder's. Der von Herder beschriebene Vortrag
ist eben dreißig Jahre jünger, als jener, den Fichte gehört.

Die zahlreichste Zuhörerschaft fanden Kant's Vorlesungen
über Anthropologie und physische Geographie, die auf den
großen Kreis der Gebildeten berechnet waren. Hier wollte
Kant im Geiste einer wissenschaftlichen Aufklärung nützliche
Kenntnisse verbreiten, brauchbares und interessantes Wissen,
Welt- und Menschenkenntniß, die er sich selbst in erstaunlichem
Maße angeeignet hatte. Die fortgesetzte Beschäftigung mit
der Länder- und Völkerkunde gehörte zu seinen wissenschaft=
lichen Erholungen. Zugleich ergänzten diese Studien seine
philosophischen Speculationen. Von allen Seiten her war sein
Nachdenken demselben Gegenstande gewidmet, in dem, wie
in ihrem Mittelpunkte, alle Untersuchungen Kant's zusammen=
trafen. Dieser Gegenstand war die menschliche Natur. Um
die menschliche Natur als solche zu erkennen, wie sie aller Er=

fahrung vorausgeht und unabhängig von dieser in ihrer Ur=
sprünglichkeit besteht: dazu gehört jener speculative Sinn, den
die kritische Philosophie erzeugt hat. Um die menschliche Natur
kennen zu lernen, wie die Erfahrung dieselbe darbietet, wie
sie unter den gegebenen Weltverhältnissen erscheint: dazu ge=
hört eine gründliche und ausgebreitete Welterfahrung. Aus
eigener Anschauung vermochte Kant, der keine Reisen machte,
diese Kenntniß der menschlichen Dinge nicht zu schöpfen. So
ersetzte er das Reisen durch Reisebeschreibungen, die er
mit dem größten Vergnügen und Eifer las. Neben einem sehr
guten Gedächtniß besaß er eine rege und sehr lebendige Vor=
stellungskraft, die den Schilderungen der Dinge bis in die
Einzelnheiten hinein folgen und sich dieselben so deutlich ein=
prägen und festhalten konnte, daß die Sachen selbst, als ob
sie gegenwärtig wären, vor ihm standen. Man hätte ihn bis=
weilen für einen Touristen halten können, so genau und lebhaft
wußte er von den Eigenthümlichkeiten fremder Gegenden,
Städte u. s. f. zu erzählen. Einst schilderte er die Westminster=
brücke zu London, ihre Gestalt, Dimensionen, Maßbestim=
mungen u. s. f. so deutlich und eingehend, daß ein Engländer,
der es hörte, Kant für einen Architekten hielt, der einige Jahre
in London gelebt habe. In ähnlicher Weise sprach er ein an=
deres Mal von Italien, als ob er das Land aus eigener,
dauernder Anschauung kennen gelernt. Man kann daraus
schließen, wie anziehend und lehrreich seine Vorträge über
physische Geographie sein mußten, da sie von diesem seltenen
Vermögen einer unterrichteten, bis in das Einzelne hinein
schildernden Einbildungskraft belebt waren. Nicht blos Stu=
dirende, sondern auch gebildete Männer reiferen Alters aus
den verschiedensten Ständen besuchten in Menge diese kan=
tischen Vorträge. Ihr Ruf war so ausgebreitet, daß man
selbst in der Ferne sich nachgeschriebene Hefte derselben zu
verschaffen suchte. Zu diesen entfernten Zuhörern Kant's ge=
hörte der damalige preußische Minister von Zedlitz, der im
Geiste Friedrichs die Aufklärung beförderte und besonders der

kantischen Philosophie günstig war. Ein Jahr, nachdem Kant
sein ordentliches Lehramt angetreten, war Zedlitz an die Spitze
des geistlichen Departements gestellt und ihm die Oberaufsicht
anvertraut worden über das gesammte preußische Unterrichts=
wesen. Es sollte den Meinungen, insbesondere den gelehrten,
der freieste Spielraum gewährt sein, dabei aber dem Uebel=
stande vorgebeugt werden, daß veraltete und unbrauchbar ge=
wordene Theorien und Lehrbücher den akademischen Unter=
richt verkümmerten. In diesem Sinne schrieb der Minister im
December 1775 an die Universität Königsberg; den Professo=
ren wurde untersagt, nach veralteten Lehrbüchern zu lesen.
Der Unterricht sollte philosophisch sein, die crusianische Philo=
sophie nicht mehr vorgetragen werden. Unter den rühmlichen
Ausnahmen war mit Reusch besonders Kant namhaft gemacht
und den übrigen Lehrern der Universität gleichsam zum Vor=
bilde aufgestellt worden. Den verstockten Crusianern, wie Wey=
mann und Wlochatius, wurde gerathen, über andere Objecte
zu lesen. Das wohlmeinende Rescript ist allerdings etwas
commandoartig, wie es die Aufklärung dieses Zeitalters mit
sich brachte: man befiehlt den Professoren, daß sie aufhören
sollen, beschränkt zu sein.

Von Kant persönlich hatte Zedlitz die höchste Meinung.
So schrieb er im Februar 1778 privatim an Kant: „ich höre
jetzt ein Collegium über die physische Geographie bei Ihnen,
mein lieber Herr Professor Kant, und das Wenigste, was ich
thun kann, ist wohl, daß ich Ihnen meinen Dank dafür ab=
statte. So wunderbar Ihnen dieses bei einer Entfernung von
etlichen 80 Meilen vorkommen wird, so muß ich auch wirklich
gestehen, daß ich in dem Falle eines Studenten bin, der ent=
weder sehr weit vom Katheder sitzt, oder der Aussprache des
Professors noch nicht gewohnt ist, denn das Manuscript, das
ich jetzt lese, ist etwas undeutlich und manchmal auch unrichtig
geschrieben. Indeß wächst durch das, was ich entziffere, der
heißeste Wunsch, auch das Uebrige zu wissen. Ihnen zuzu=
muthen, daß Sie Ihr Collegium drucken ließen, das wäre

Ihnen vielleicht unangenehm, aber die Bitte, dächt' ich, könn=
ten Sie mir nicht versagen, daß Sie mir zur Abschrift eines
sorgfältiger nachgeschriebenen Vortrags behülflich wären. Und
können Sie mir dieses auch gegen die heiligste Versicherung,
das Manuscript nie aus meinen Händen zu geben, nicht ge=
währen, so diene dieses Schreiben wenigstens dazu, Ihnen die
Versicherung zu geben, daß ich Sie und Ihre Kenntnisse ganz
unaussprechlich hochschätze."

Als in demselben Jahre durch den Tod Meyers der Lehr=
stuhl der Philosophie in Halle erledigt war, bot der Minister
diese erste philosophische Professur Preußens unter glänzenden
Bedingungen Kant an, der sie zweimal ablehnte. Weder der
hohe Gehalt, noch die Aussicht auf einen ungleich größeren
Zuhörerkreis, noch weniger der Titel, welchen der Minister für
ihn bereit hatte, konnten Kant bewegen, sein liebes Königsberg
zu verlassen.

VI. Gründung und Ausbildung der kritischen Philosophie.

Kant war damals gerade mit der Ausarbeitung seines
Hauptwerks beschäftigt. Was er in seiner Inauguralschrift
vom Jahre 1770 schon entdeckt und mit voller Klarheit darge=
legt hatte, war der Keim, woraus das neue System der Philo=
sophie hervorging. Langsam und sicher, wie es die Schwierig=
keit der Aufgabe und die Gründlichkeit Kant's forderte, schritt
allmälig diese gewaltige Geistesarbeit ihrer Vollendung ent=
gegen. Und so umfassend war das Gebiet dieser neuen Unter=
suchung, daß mit jedem Schritte näher sich das Ziel zu ent=
fernen schien. Wenigstens stellte sich Kant selbst das Ziel seiner
Arbeit weit näher vor, als es war. Die Briefe, die er in
diesen Jahren an Marcus Herz nach Berlin schrieb, geben uns
über den verzögerten Fortgang der Sache einigen Aufschluß.
Zugleich sind diese Briefe die einzigen Nachrichten, die wir
aus der Werkstätte der kritischen Philosophie erhalten.

Die Idee einer neuen Philosophie stand seit dem Jahre 1770 deutlich vor dem Geiste Kant's. Er wußte, daß es sich um eine Kritik der reinen Vernunft handle in Rücksicht sowohl der theoretischen als praktischen Erkenntniß. Schon im Fe= bruar 1772 schreibt er an Herz: „ich bin jetzt im Stande, eine Kritik der reinen Vernunft vorzulegen, welche die Natur der theoretischen sowohl als praktischen Erkenntniß, sofern sie blos intellectual ist, enthält, wovon ich den ersten Theil, der die Quellen der Metaphysik, ihre Methode und Grenzen enthält, zuerst und darauf die reinen Principien der Sittlichkeit aus= arbeiten, und was den erstern betrifft, binnen etwa drei Monaten herausgeben werde." Das ganze Werk in seinen beiden Theilen sollte umfassen, was später in den drei geson= derten Kritiken der reinen Vernunft, der praktischen Vernunft, der Urtheilskraft nach einander erschien. Damals dachte Kant, die Kritik der reinen Vernunft in drei Monaten vollenden und herausgeben zu können.

Im Juni desselben Jahres schreibt er an Herz: „daß er eben beschäftigt sei, ein Werk über die Grenzen der Sinn= lichkeit und Vernunft etwas ausführlich auszuarbeiten." Das sind also die beiden Untersuchungen, welche später die Kritik der reinen Vernunft in ihrer Elementarlehre (als trans= scendentale Aesthetik und Logik) umfaßte. Indessen zeigte sich bald, daß die Erkenntniß nicht blos begründet, sondern auch scharf begränzt sein will; daß zu vollständiger Lösung der kri= tischen Frage auch „eine Disciplin, ein Kanon, eine Archi= tektonik der reinen Vernunft" gehöre, mit einem Worte, was später die Kritik der reinen Vernunft ihre Methodenlehre nennt. „Mit dieser Arbeit", schreibt Kant im November 1776, „denke ich vor Ostern nicht fertig zu werden, sondern dazu einen Theil des nächsten Sommers zu verwenden." Daneben klagt er über seine unaufhörlich unterbrochene Gesundheit.

Ueber das System der neuen Philosophie, die Idee des Ganzen, ist Kant mit sich im Reinen. Aber vor aller systema= tischen Ausführung muß erst die Grundlage durch die kritische

Untersuchung selbst geschaffen sein. Diese Kritik der Philoso=
phie bietet ungemeine Schwierigkeiten, namentlich für die Form
der Darstellung, die für jeden Denkenden überzeugend und
faßlich sein soll. So schreibt Kant im August 1777, daß seinen
systematischen Arbeiten eben jene Kritik wie ein Stein im Wege
liege, den wegzuräumen er jetzt allein beschäftigt sei, und er
hoffe, noch diesen Winter damit völlig fertig zu werden. Die
Arbeit rückt vor. Doch kommt sie auch im Sommer des nächsten
Jahres noch nicht zu Stande. An Bogenzahl soll sie wenig
austragen, alle Schwierigkeiten liegen in der Sache. „Die
Ursachen der Verzögerung," schreibt Kant in diesem Jahre,
„werden Sie dereinst aus der Natur der Sache und des Vor=
habens selbst, wie ich hoffe, als gegründet gelten lassen." In
einem Briefe vom August 1778 redet er von seinem Werke
als von einem Handbuch der Metaphysik, woran er uner=
müdet arbeite. Auch seine Vorträge über Metaphysik haben
in diesem Jahre eine ganz andere Gestalt angenommen. Kant
bemerkt in demselben Briefe rücksichtlich jener Vorlesungen,
daß sie von seinen vormaligen und den gemein angenommenen
Begriffen sehr abweichen.

Endlich den 1. Mai 1781 schreibt Kant: „Diese Ostermesse
wird ein Buch von mir unter dem Titel: „Kritik der reinen
Vernunft" herauskommen. Es wird für Hartknoch's Verlag
in Halle gedruckt. Dieses Buch enthält den Ausschlag aller
mannigfaltigen Untersuchungen, die von den Begriffen an=
fingen, welche wir zusammen unter der Benennung des mundi
sensibilis und des intelligibilis abdisputirten, und es ist mir
eine wichtige Angelegenheit, demselben einsehenden Manne,
der es für würdig fand, meine Ideen zu bearbeiten, und so
scharfsinnig war, darin am tiefsten hineinzudringen, diese ganze
Summe meiner Bemühungen zur Beurtheilung zu übergeben."

Die Erscheinung dieses Werks macht in der Geschichte der
Philosophie die kritische Epoche. Es waren zehn Jahre ver=
flossen, seitdem Kant geschrieben hatte, daß er sein Werk in
drei Monaten herausgeben wolle. Und noch drei Jahre vor=

her schrieb er, daß die Schrift an Bogenzahl nicht viel aus=
tragen werde. Inzwischen ist aus den wenigen Bogen ein
sehr umfangreiches Volumen geworden. Es ist eines der
schwierigsten und, was noch seltener ist, zugleich eines der
reifsten und durchdachtesten Werke, die jemals erschienen sind.
Aber in demselben Augenblicke, wo sich in diesem Werke die
Philosophie vollkommen verjüngt und in ein neues Zeitalter
eintritt, steht der Urheber des Werks, ein siebenundfünfzig=
jähriger Mann, schon an der Schwelle des Greisenalters. Un=
kräftigen Körpers von Natur, von einer leicht störbaren Ge=
sundheit und von einem sehr peinlichen Gefühl für alle diese
Störungen, braucht er jetzt die ganze Willensstärke seines
Geistes und zugleich die ganze ihm noch übrige Zeit, um das
spätgeborne Kind zu erziehen. Die neuen Grundlagen sind
gegeben. Ein neues Lehrgebäude soll darauf errichtet werden.
Immer mehr zieht Kant in diese Aufgabe, als sein Lebens=
ziel, alle seine Kräfte zusammen; er wird noch sparsamer mit
der Zeit, denn schon ist er hoch in Jahren und hat noch so viel
zu thun vor sich, Aufgaben, die Keiner lösen kann als er selbst;
er wird seltener in der Gesellschaft, saumseliger im Brief=
schreiben, oft vergehen Jahre, ehe er antwortet, er theilt seine
Arbeitszeit ganz zwischen seinen amtlichen und philosophischen
Beruf.

In der Kritik der reinen Vernunft waren die Aufgaben
deutlich gestellt, die zunächst gelöst sein wollten. Vor Allem
mußte die kantische Untersuchung selbst, der Geist der kritischen
Philosophie, deren völlig neuer Gesichtspunkt, richtig begriffen
werden. Schon die erste Beurtheilung, von nicht ungeschickter
Hand, machte es augenscheinlich, wie weit selbst die bessern
Köpfe des Zeitalters von dieser richtigen Auffassung des kan=
tischen Werks entfernt waren. Garve hatte während seines
Badeaufenthaltes in Pyrmont die Kritik der reinen Vernunft
unter andern literarischen Neuigkeiten erhalten und in den
Göttinger gelehrten Anzeigen so darüber berichtet, daß er Kant
im Wesentlichen dem dogmatischen Idealismus Berkeley's

gleichsetzte. Und doch hatte Kant einen Gesichtspunkt ge=
nommen, der von Idealismus und Realismus der dogma=
tischen Zeit, von dogmatischer und skeptischer Richtung ebenso
weit als hoch abstand. Jetzt schien es, als sei die Kritik dem
Idealismus in Berkeley, dem Skepticismus in Hume zu nahe
gekommen. Diese Auffassung, in seinen Augen das gröbste
Mißverständniß, zu vermeiden, mußte Kant seinen Unterschied
von Berkeley und Hume schärfer hervorheben und zugleich das
Verständniß seiner Kritik erleichtern. Zu diesem Zwecke schrieb
er im Jahr 1783 die Prolegomena zu einer jeden künf=
tigen Metaphysik, die als solche wird auftreten
können. In diesem Sinne veränderte er an den entscheiden=
den Punkten in ihrer zweiten Auflage die Kritik der reinen
Vernunft. So entstand zwischen den beiden Auflagen jene
sehr bedeutungsvolle Differenz, die in ihrem Umfange und
Einflusse auf das Verständniß der kritischen Philosophie erst
Schopenhauer hervorgehoben hat. Indessen berühren wir hier
die philosophische Entwicklung Kant's und seiner Werke nur,
so weit sie mit der äußeren Lebensgeschichte zusammenfallen.

Die nächsten zu lösenden Aufgaben nach der Richtschnur
der Kritik forderten, daß die Principien festgestellt wurden für
die Erkenntniß der sinnlichen Erscheinungen, für das sittliche
Handeln, für das Gefühl und den Geschmack, überhaupt die
teleologische Betrachtungsweise der Dinge. Es handelte sich
zunächst um die metaphysische Grundlegung der Naturwissen=
schaft und Sittenlehre. Diese Aufgabe löste Kant noch in dem
Decennium der Kritik: im Jahr 1785 erschien die Grund=
legung zur Metaphysik der Sitten, 1786 die metaphy=
sischen Anfangsgründe der Naturwissenschaft, 1788
die Kritik der praktischen Vernunft. Und mit der Kri=
tik der Urtheilskraft im Jahr 1790 war in ihren Haupt=
zügen die kritische Arbeit vollendet. Das Lehrgebäude der
neuen Philosophie stand in seinen Haupttheilen fest. Das
letzte Decennium des vorigen Jahrhunderts ist auch das letzte
für die wissenschaftliche Thatkraft unseres Philosophen.

Nachdem die Vermögen und Grenzen der menschlichen Vernunft in dem neuen Lichte der kritischen Philosophie entdeckt und zugleich Alles entwickelt war, was aus der bloßen Vernunft folgt, so mußte diese neue Vernunftwissenschaft sich nothwendig auseinandersetzen mit allem nicht aus der bloßen Vernunft geschöpftem Inhalt unseres geistigen Lebens. Es mußte zu einer kritischen Auseinandersetzung kommen zwischen dem Rationalen und Positiven. Und je reiner und folgerichtiger Kant mit seiner kritischen Kunst das Rationale herausgerechnet hatte, um so schärfer mußte der Gegensatz gegen das Positive sich ausprägen. Dieser Gegensatz war innerhalb der kantischen Philosophie weit tiefer gefaßt und einer künftigen Versöhnung weit näher gerückt, als es in dem Aufklärungszeitalter vorher der Fall gewesen war. Indessen war der Gegensatz und Streit unvermeidlich. Und hier stand ihm gegenüber in erster Linie der Glaube in der Gestalt der positiven Religion, in zweiter das Recht in der Form des positiven, geschichtlich gegebenen Staates, in der letzten die positiven Wissenschaften, verkörpert in den sogenannten oberen Facultäten in ihrem Unterschiede von der philosophischen. Es war sein letzter kritischer Act, diesen „Streit der Facultäten" auseinanderzusetzen und zu schlichten. Voraus gingen diesem entscheidenden Gesammttreffen, gleichsam wie Vorpostengefechte, seine philosophische Religions- und Staatslehre. Und hier, in dem Zusammenstoß mit der positiven Religion, gerieth Kant, wie sich denken läßt, auf die hartnäckigsten seiner außerwissenschaftlichen Feinde.

VII. Kant und Wöllner.

Wir müssen etwas weiter ausholen, um diesen widerwärtigen und merkwürdigen Conflict zu erzählen. Es spielten dabei äußere Umstände von schlimmer Conjunctur mit, denn nur solche Umstände können es sein, die eine theologische Streitfrage in eine politische Verfolgung verwandeln. Dem Königsberger Philosophen hätte unter dem großen Könige und dessen hochdenkenden Minister niemals begegnen können, was jetzt eine natürliche Folge der veränderten Regierungsart war. Im Jahre 1786 war Friedrich der Einzige gestorben. Sein Nachfolger Friedrich Wilhelm II., dem großen Könige ganz un= ähnlich, von leicht beweglicher Sinnesart und ohne königliche Einsicht, wäre von sich aus unserm Philosophen niemals ge= fährlich geworden. Er hatte ihm bei seiner Thronbesteigung sogar Beweise des Wohlwollens und der Achtung gegeben. Schickte er doch Kiesewetter nach Königsberg, um die kantische Philosophie an der Quelle zu studieren. Er war dem Mystischen und Geheimnißvollen zugeneigt, aber mehr in der Form des Abentheuerlichen als in der des Pietismus. Zum Pietismus wurde er weniger bekehrt, als verführt. Aber die Bewun= derung und Theilnahme für die St. Germains und Cagliostros ist nach jener Richtung hin nicht schwer zu verführen.

Unter diesem Könige nahm die preußische Politik eine reactionäre Strömung, die in eben dem Maße stieg, als in Frankreich gleichzeitig die revolutionäre hereinbrach und gegen Staat und Kirche mit wachsender Heftigkeit anstürmte. In Frankreich hatte sich die Revolution mit der äußersten Frei= geisterei verbündet. In Preußen schloß das Königthum seinen Bund mit den äußersten Gegnern der Aufklärung und gab sich dem Irrthum hin, in dem gesteigerten Pfaffenthum einen Schutz gegen die politische Neuerungssucht zu finden.

Schon zwei Jahre nach dem Thronwechsel fiel das Mini= sterium Zedlitz, und an seine Stelle trat am 3. Juli 1788 ein glaubenseifriger und herrschsüchtiger Theologe, der frühere Prediger Johann Christian Wöllner. Mit diesem Hand in Hand ging des Königs Generaladjudant von Bischofs= werder. Von hier aus wurde nun unter dem Nachdrucke der höchsten Staatsgewalt ein Feldzug gegen die Aufklärung or= ganisiert, der sie aus allen wirksamen Stellungen vertreiben sollte, von den Kanzeln, aus der Literatur, von den Kathedern. Wenige Tage nach dem Amtsantritte des Ministers, den 9. Juli 1788, erschien ein Edict, welches die Religionslehrer

streng an die Glaubensbekenntnisse, als bindende Norm, ver-
wies, und jeden Andersdenkenden mit Amtsverlust bedrohte.
Es war das berüchtigte Wöllner'sche Religionsedict. Ein
zweites Edict desselben Jahres vom 19. December hob die
Preßfreiheit auf; die inländischen Schriften wurden unter
Censur, die ausländischen unter Aufsicht gestellt. Um diesen
Befehlen die gehörige Folge in der Durchführung zu geben,
wurde im April 1791 eine besondere Behörde errichtet, die
das gesammte Gebiet der Kirche und Schule im Geiste des
Religionsedicts überwachen und beaufsichtigen sollte. Diese
Behörde, eine Art Oberkirchenrath, bestand aus drei Männern,
die Oberconsistorialräthe hießen und nichts waren als Wöllner's willigste Werkzeuge; ihre Namen sind Hermes, Woltersdorf, Hilmer. Sie hatten die ausgedehnteste Vollmacht
über alle Kirchen= und Schulämter, in ihrer Gewalt lag An-
stellung und Beförderung, Unterdrückung und Absetzung. Die
Candidaten für die Kirchen= und Schulämter wurden von dieser
Behörde geprüft: es war eine Glaubens= und Gesinnungs-
prüfung. Die bereits angestellten Prediger und Lehrer standen
unter der genauesten Aufsicht und Censur: es war eine Glau-
bens= und Gesinnungscensur. Sie bereisten die Provinzen,
untersuchten die Lehranstalten, bestimmten Unterrichtsweise
und Lehrbücher, die sie entweder selbst schrieben oder von „Gut-
gesinnten" schreiben ließen. Jeden, der nicht ausdrücklich und
aus vollem Herzen in dieses Treiben einstimmte, traf der Verdacht der inquisitorischen Behörde. Es wurde bemerkt, daß
er nicht gutgesinnt sei. Die Verdächtigen hießen Aufklärer,
Feinde der Religion, Atheisten. Sehr bald nannte man sie
Jacobiner und Demokraten. In den Jahren 1792 und 1794
wurden die Religions= und Censuredicte noch verschärft; alle
Aufklärer sollten als Empörer behandelt, alle neu anzu-
stellenden Lehrer ohne Ausnahme auf die symbolischen Bücher
verpflichtet werden.

Diese Zeit ist es, in welcher Kant's kritische Untersuchungen das Gebiet der Religion und Politik berühren. Die

Kritik der practischen Vernunft, die schon das Element der
kantischen Religionslehre enthielt, war in demselben Jahre
erschienen, als Wöllner das Ministerium antrat. Die kritische Philosophie, mit ihr eine neue, tiefer begründete Auf=
klärung, hatte bereits in weiten Kreisen die wissenschaftliche
Welt ergriffen; sie war im besten Zuge die Lehrstühle der
deutschen Universitäten zu erobern. Ihre innerste Denkweise
war dem Geiste vollkommen zuwider, in welchem das Mini=
sterium Friedrich Wilhelm's II. die Herrschaft über das preu=
ßische Unterrichtswesen führte und die Denk= und Gewissens=
freiheit nicht etwa in ihren Ausschreitungen, sondern an der
Wurzel bedrohte. Eine solche mächtige Erscheinung, wie Kant
und seine Philosophie im Lager der Gegner, mußten die
Berliner Censoren sehr bald als einen der ersten Gegenstände
ihrer Angriffe und Maßregeln in's Auge fassen. Ein Brief
Kiesewetter's aus Berlin, der sich handschriftlich in Kant's
Nachlaß befindet, soll bezeugen, daß Woltersdorf gleich in
den ersten Tagen seines Amtes unmittelbar bei dem Könige
darauf angetragen habe, dem Philosophen Kant das fernere
Schreiben zu verbieten. Indessen wurde der auf Kant zie=
lende Angriff nicht in dieser von Woltersdorf beliebten Weise
improvisirt.

Kant selbst bot dem Berliner Glaubenseifer die Gelegen=
heit, ihn zu fassen. Er hatte im Jahre 1792 der Berliner
Monatsschrift, die es mit der damaligen Aufklärung hielt,
einen Aufsatz über „das radical Böse" zur Veröffentlichung
geschickt. Die Zeitschrift wurde in Jena gedruckt, aber, um
allen Schein zu vermeiden, als ob er der Berliner Censur aus
dem Wege gehen und literarischen Schleichhandel treiben wolle,
forderte Kant ausdrücklich, daß sein Aufsatz in Berlin censirt
werde. Hilmer ertheilte die Erlaubniß zum Druck, „da doch
nur," wie er zu seiner Beruhigung hinzusetzte, „der tief=
denkende Gelehrte die kantischen Schriften lese." Der Auf=
satz erschien im April 1792. Bald darauf schickte Kant zu
demselben Zwecke und mit derselben Forderung die zweite

Abhandlung „vom Kampf des guten und bösen Princips"
nach Berlin. Als der biblischen Theologie angehörig, fiel
dieser Aufsatz unter die gemeinschaftliche Censur von Hilmer
und Hermes. Der Letztere verweigert das Imprimatur. Der
Andere tritt dem Collegen bei und meldet dieses Urtheil brief=
lich dem Redacteur der Monatsschrift. Auf dessen Gegenvor=
stellung wird kurz erwidert, „das Religionsedict sei die Richt=
schnur der Censoren, weiter könne man sich darüber nicht
erklären." Damit war die Veröffentlichung des Aufsatzes
in der Berliner Monatsschrift unmöglich gemacht. Doch wollte
Kant, nachdem er die erste Abhandlung veröffentlicht hatte,
die folgenden drei, die mit jenem unmittelbar zusammen=
hingen, nicht zurückhalten. Der einzige Ausweg war, daß
eine theologische Facultät den Inhalt dieser Schriften prüfte
und das Imprimatur ertheilte. Nach Göttingen, als einer
ausländischen Universität, wollte sich Kant nicht wenden. Nach
Halle konnte er sich füglich nicht wenden, da die dortige theo=
logische Facultät die Veröffentlichung der Fichte'schen Schrift
„Kritik aller Offenbarungen" nicht erlaubt hatte. Er nahm
den kürzesten Weg und unterwarf seine Abhandlungen der
Censur der Königsberger theologischen Facultät. Einstimmig
wurde das Imprimatur ertheilt. Und nun erschienen die
vier Aufsätze als Gesammtwerk unter dem Titel: „Religion
innerhalb der Grenzen der bloßen Vernunft" 1793
bei Nicolovius in Königsberg. Schon im folgenden Jahre
war die zweite Auflage nöthig. So großes Aufsehen erregte
diese kantische Schrift. Dies konnte das Berliner geistliche
Gericht unmöglich ruhig mit ansehen. Die Gelegenheit wurde
ergriffen, um gegen Kant die längst gewünschte Maßregel
auszuführen.

Den 12. October 1794 erhielt Kant folgende merkwür=
dige Kabinetsordre: „Von Gottes Gnaden Friedrich Wilhelm
König von Preußen u. s. f." „Unsern gnädigen Gruß zuvor.
Würdiger und Hochgelahrter, lieber Getreuer! Unsere höchste
Person hat schon seit geraumer Zeit mit großem Mißfallen

erfehen: wie Ihr Eure Philosophie zu Entstellung und Herab-
würdigung mancher Haupt= und Grundlehren der heiligen
Schrift und des Christenthums mißbraucht; wie Ihr dieses
namentlich in Eurem Buch: „Religion innerhalb der Grenzen
der bloßen Vernunft," desgleichen in andern kleineren Abhandlungen gethan habt. Wir haben Uns zu Euch eines
Besseren versehen; da Ihr selbst einsehen müsset, wie un-
verantwortlich Ihr dadurch gegen Eure Pflicht Lehrer der
Jugend und gegen Unsere Euch sehr wohlbekannte landes-
väterliche Absichten handelt. Wir verlangen des ehesten Eure
gewissenhafteste Verantwortung und gewärtigen Uns von Euch,
bei Vermeidung Unserer höchsten Ungnade, daß Ihr Euch
künftighin nicht dergleichen werdet zu Schulden kommen
lassen, sondern vielmehr Eurer Pflicht gemäß, Euer Ansehen
und Eure Talente dazu anwenden, daß Unsere landesväter-
liche Intention je mehr und mehr erreicht werde; widrigen-
falls Ihr Euch, bei fortgesetzter Renitenz, unfehlbar unange-
nehmer Verfügungen zu gewärtigen habt. Sind Euch mit
Gnaden gewogen. Berlin, den 1. October 1794. Auf Seiner
Königl. Majestät allergnädigsten Spezialbefehl. Wöllner."

Zugleich wurden sämmtliche theologische und philosophische
Lehrer der Universität Königsberg durch Namensunterschrift
verpflichtet, nicht über kantische Religionsphilosophie zu lesen.

Damals stand unser Philosoph auf der Höhe des Alters
und Ruhms. Er war siebzig Jahre, und die Welt feierte
seinen Namen. Gegen die Maßregel selbst verfuhr Kant mit
der größten Vorsicht. Er hielt sie streng geheim, so daß
Niemand, einen Freund ausgenommen, etwas davon erfuhr,
bis er selbst nach dem Tode des Königs die Sache veröffent-
lichte. Eine Aenderung seiner Ansichten, die man ihm zu-
muthete, war unmöglich; eine offene Widersetzlichkeit ebenso
nutzlos als nach Kants eigenem Gefühl ungebührlich. Der
einzige Ausweg, der übrig blieb, war zu schweigen. Auf
einen kleinen, noch in seinem Nachlaß befindlichen, Zettel schrieb
er damals folgende Worte, die seine Lage und Stimmung,

wie in einem Monologe, ausdrücken: „Widerruf und Ver=
läugnung seiner innern Ueberzeugung ist niederträchtig, aber
Schweigen in einem Fall wie der gegenwärtige ist Unterthanen=
pflicht; und wenn Alles, was man sagt, wahr sein muß, so
ist darum nicht auch Pflicht, alle Wahrheit öffentlich zu sagen."

In diesem Sinne erwiderte Kant das königliche Schreiben.
Gegen die ihm gemachten Vorwürfe rechtfertigte er sich, in=
dem er sie als unbegründet widerlegte. Gegen die Zumuthung,
seine Talente künftig besser zu brauchen, verpflichtete er sich
zum Schweigen. Er verbannte sich freiwillig vom Katheder
rücksichtlich aller die Religion betreffenden Lehrvorträge. „Um
auch dem mindesten Verdachte vorzubeugen," so schloß Kant
seine Antwort, so halte ich für das Sicherste, hiermit als
Ew. Königlichen Majestät getreuester Unterthan feier=
lichst zu erklären: daß ich mich fernerhin aller öffentlichen
Vorträge, die Religion betreffend, es sei die natürliche oder
die geoffenbarte, sowohl in Vorlesungen als in Schriften,
gänzlich enthalten werde." Die Worte „als Ew. Königlichen
Majestät getreuester Unterthan" enthalten eine sehr vorsichtige
Mentalreservation, die manchem sogar zu vorsichtig erscheinen
dürfte. Er verpflichtet sich zum Schweigen, so lange der
König lebe. Er hat diese Wendung mit Vorbedacht gewählt,
damit er bei etwaigem früheren Ableben des Monarchen
(da er alsdann Unterthan des folgenden sein würde), wiederum
in seine Freiheit zu denken eintreten könne.

Diese Vorsicht hat den Erfolg für sich gehabt. Kant er=
lebte die Genugthuung, in seine Freiheit zu denken wieder
zurückzukehren, als nach dem bald erfolgten Tod des Königs
mit Friedrich Wilhelm III. der Geist königlicher Toleranz
von Neuem in Preußen aufkam. Der Streit zwischen Ver=
nunft und Glaube, Rationalem und Positivem, Kritik und
Satzung — oder wie man diese Gegensätze sonst bezeichnen
will — hatte unsern Philosophen von der theologischen Seite
aus sehr empfindlich und sehr unbillig getroffen. Es lag ihm
daran, daß dieser Streit ehrlich und sachgemäß geführt werde,

nicht zur Vernichtung des Gegners, sondern zur Förderung
der Wissenschaft. Der Proceß schwebte nicht blos zwischen
Theologie und Philosophie, sondern im Großen und Ganzen
angesehen betraf die Streitfrage überhaupt das Verhältniß
der positiven und philosophischen Wissenschaften, die sich in
dem Gesammtkörper der Universität als dessen Glieder in
den besonderen Facultäten ebenso unterscheiden als vereinigen.
Es gab zwischen diesen beiden großen Seiten des wissenschaft=
lichen Geistes, gleichsam der Rechten und Linken in dem Par=
lamente der Gesammt=Wissenschaft, einen rechtmäßigen und
einen unrechtmäßigen Streit. Diese wichtige Grenze zu be=
stimmen, schrieb Kant „den Streit der Facultäten," und
in der Vorrede dazu erzählt er seine persönlichen Erlebnisse
unter dem Ministerium Wöllner. Das war die letzte seines
Geistes würdige Schrift.

VIII. Die letzten Jahre. Kant's geschichtliche
Stellung.

Die außerordentliche Geisteskraft dieses Mannes, gestärkt
durch eine unerschütterliche Energie des Willens, immer von
Neuem angestrengt und zu den schwierigsten Arbeiten aufge=
boten, hatte den gealterten und hinfälligen Körper so lang sich
dienstbar erhalten. Jetzt war sie erschöpft. Und in schneller
Abnahme versiegten die körperlichen Kräfte. Im Gefühl der
herannahenden Schwäche hatte sich Kant seit 1797 vom Ka=
theder gänzlich zurückgezogen, allmälig hörte auch der gesellige
Verkehr außer seinem Hause ganz auf. Einladungen, denen
er sonst gern gefolgt war, nahm er seit 1798 keine mehr an.
Er beschränkte sich auf den kleinen Kreis seiner Hausfreunde.
Immer mehr verengte sich seine Lebenssphäre, immer lä=
stiger drückte ihn die Bürde des Alters zu Boden. Noch war
er mit der Ausarbeitung eines umfassenden Werkes beschäftigt,
das er mit der Vorliebe eines Greises für das späteste Kind gern
als sein Hauptwerk bezeichnete. Es sollte den Uebergang von

4*

der Metaphysik zur Physik darthun. Kant selbst nannte es
„das System der reinen Philosophie in ihrem ganzen Inbegriff." Bis in die letzten Monate seines Lebens schrieb er
daran, so emsig es ging. Man darf den Werth dieser Schrift,
was die Neuheit des Gedankens und die Schärfe und Bündig-
keit der Darstellung betrifft, unbesehen bezweifeln, wenn man
den hinfälligen Zustand erwägt, in dem Kant damals war;
wenn man zugleich bedenkt, bis zu welchem Abschluß er selbst
die von ihm gegründete Philosophie geführt hat. Es ist nicht
abzusehen, was innerhalb dieser so begründeten Philosophie
Neues zu leisten ihm noch übrig geblieben war. Sachkundige
Männer, die gleich nach dem Tode Kant's die sehr umfang-
reiche Handschrift gelesen, haben bezeugt, daß sie nur den
Inhalt der früheren Schriften unter dem Gepräge der Altersschwäche wiederholt habe. Die Handschrift war verloren ge-
gangen und ist neuerdings wieder gefunden worden. Man hat
die Herausgabe in Aussicht gestellt. Vorläufige Berichte darüber stimmen im Wesentlichen mit jenem älteren Zeugniß
überein.

Es war keine eigentliche Krankheit, sondern der Maras-
mus mit allen seinen Uebeln, der Kant vollkommen verzehrte.
Das Gedächtniß erlosch mehr und mehr, die Muskelkraft er-
schlaffte, der Gang wurde schwankend, die Spaziergänge mußten
beschränkt, bald ganz aufgegeben werden, er konnte sich kaum
noch aufrechthalten und bedurfte fortwährender Wachsamkeit
und Unterstützung. Dazu kam ein beständiger Druck auf den
Kopf, den Kant die Grille hatte, aus der Luftelektricität zu
erklären, um das Leiden aus äußern Umständen, nicht aus
der eigenen Hinfälligkeit abzuleiten. Die Kraft der Sinne,
namentlich die Sehkraft, nahm ab, die Eßlust verlor sich; er
war so schwach, daß er seine ökonomischen Angelegenheiten
nicht mehr verwalten, weder Geld zahlen noch erhaltene Zah-
lungen bescheinigen konnte. In seinem früheren Schüler Wasianski fand er glücklicherweise einen ihm ergebenen Freund,
der die häuslichen Angelegenheiten Kant's gern und sorg-

fältig in seine Hand nahm. Was das schwachgewordene Alter
Lästiges mit sich bringt, mußte er langsam, Uebel für Uebel,
an sich erfahren. Als er sein neunundsiebenzigstes Lebens-
jahr erfüllt hatte, schrieb er zwei Tage darauf (24. April 1803)
auf einen seiner Gedächtnißzettel die biblischen Worte, die
sich Kant, wie Wenige, aneignen durfte: „Nach der Bibel, unser
Leben währet siebzig Jahre, und wenn's hoch kommt, so sind
es achtzig Jahre, und wenn's köstlich war, so ist es Mühe
und Arbeit gewesen."

Das vollendete achtzigste Jahr sollte er nicht mehr er-
reichen. Von einem heftigen Anfall im October 1803 erholte
er sich noch einmal für wenige Monate. Die Kräfte versiegten
jetzt von Tag zu Tag. Er vermochte nicht mehr seinen Namen
zu schreiben, die Buchstaben sah er nicht, die geschriebenen ver-
gaß er in demselben Augenblicke, die Bilder waren seiner
Vorstellung entfallen, selbst die gewöhnlichsten Ausdrücke des
täglichen Lebens versagten ihm, die täglichen Freunde sogar
vermochte er nicht mehr zu erkennen, sein Körper, den er oft
scherzend „seine Armseligkeit" genannt hatte, war mumienartig
vertrocknet. Er war vollkommen lebenssatt und lebensüberdrüssig. Endlich erlöste ihn der wohlthätige Tod am 12. Februar 1904.

Im nächsten Jahre, wenn er es erlebt, hätte Kant als
Docent der Königsberger Universität sein fünfzigjähriges Ju-
biläum feiern können. Ein Zeitgenosse und Unterthan Friedrich's des Großen war und fühlte sich Kant auch geistig als
einen ächten Sohn dieses Zeitalters. Die erste Schrift, die er
gleich beim Eintritt in seine akademische Laufbahn veröffentlicht hatte, „die Naturgeschichte des Himmels," war dem
großen König gewidmet. Das bedeutendste seiner Werke, „die
Kritik der reinen Vernunft," widmete er dem Minister Zedlitz. Unter den wissenschaftlichen Größen, die das Zeitalter
Friedrich's erzeugt hat, ist er die erste, die mit vollem Recht
neben den Feldherrn des Königs ihren Platz behauptet an
dem Friedrichsmonumente zu Berlin.

Und der beinahe fünfzigjährige Zeitraum seiner akademischen Wirksamkeit: welche Fülle der größten weltgeschichtlichen Veränderungen begreifen diese Jahre in sich! Der siebenjährige Krieg mit seinem glorreichen Erfolge der Erhebung Preußens unter die Reihe der stimmführenden Staaten Europas, der amerikanische Freiheitskrieg, die Erschütterungen der französischen Revolution, die in dem Todesjahr des Philosophen ihren ersten Lauf vollendet, indem sie nach so vielen Verwandlungen aus der letzten republikanischen Phase des Consulats in die Alleinherrschaft des Kaiserreichs übergeht! Von diesen Begebenheiten war Kant kein müßiger Zeuge. Neben seinen philosophischen Untersuchungen interessirte ihn nichts mehr als die politischen Weltgeschicke, er verfolgte ihren Verlauf mit der lebhaftesten Theilnahme; er ergriff mit der entschiedensten Sympathie die Sache Amerika's gegen England, noch leidenschaftlicher nahm er Partei für die Umgestaltung Frankreichs. Das Gestirn Friedrichs des Großen stieg empor, als Kant seine akademischen Studien anfing. Es hatte seine glänzende Laufbahn vollendet, als Kant seine glänzende Laufbahn eben begonnen hatte, und die letzten Lebensjahre des Philosophen sahen das Gestirn Napoleon's aufgehen.

Die furchtbare Fremdherrschaft auf deutschem Boden und die deutschen Freiheitskriege hat er nicht mehr erlebt. Aber der Geist seiner Philosophie ist mit diesem gerechtesten aller Kriege gewesen, und Kant, der die Unabhängigkeit fremder Nationen mit so vieler Theilnahme sich begründen sah, würde unter den ersten gewesen sein, die Unabhängigkeit der eigenen Nation gegen das erniedrigende Joch der Fremdherrschaft zu vertheidigen.

Dem Kriege als solchem war er im Innersten zuwider. Was sein ganzes Interesse erregte, waren die Staatsveränderungen, die Verfassungsformen, die sich auf Grund der Rechtsideen bilden und einrichten wollten. Seine eigenen politischen Ansichten sind durch die Zeitbegebenheiten, die er

erlebte, mitbeſtimmt worden, und man kann dieſe Anſichten
in ihrer eigenthümlichen Färbung, in ihren charakteriſtiſchen
Widerſprüchen nicht verſtehen, wenn man ſich nicht die mäch=
tigen Einflüſſe jener Zeitverhältniſſe und Kant's Empfäng=
lichkeit dafür gegenwärtig erhält. Preußens Regierung unter
Friedrich dem Großen, Amerika's Unabhängigkeit, die
Washington erkämpft und begründet, Frankreich vom Jahre
1789 haben von den verſchiedenſten Seiten aus ihre Einflüſſe
ausgeübt auf Kant's politiſche Ideen. Am ſtärkſten war ſeine
Anhänglichkeit an den Staat Friedrich's, ſeine Abneigung
gegen England; der franzöſiſchen Revolution redete er von
Seiten ihrer urſprünglichen Rechtsidee gern das Wort, ſie
war eine Zeit lang das liebſte Thema ſeiner Geſpräche, bei
aller Milde für abweichende Anſichten war er in dieſem Punkte
am empfindlichſten für den Widerſpruch. Soviel iſt gewiß,
daß ihm als die beſte Verfaſſung erſchien, welche die größt=
mögliche Freiheit mit der größtmöglichen Geſetzmäßigkeit, ohne
welche keine Gerechtigkeit ſtattfindet, vereinigt. Wenn ihn
von Seiten ihrer Rechtsidee die franzöſiſche Revolution mächtig
anzog, ſo mußte ſie ihn von Seiten der Anarchie, ohne welche
keine Revolution ausgeht, auf das Aeußerſte abſtoßen. Dieſe
zu billigen, hätte Kant nicht blos ſeinen philoſophiſchen, ſon=
dern auch ſeinen perſönlichen Charakter verläugnen müſſen.

IX. Kant's Perſönlichkeit.

Die beiden Grundzüge, welche den Charakter Kant's bis
in ſeine Einzelheiten hinein ausprägen und ſich in dieſem
Charakter auf eine ſeltene Weiſe verbinden und vollenden,
ſind der Sinn für perſönliche Unabhängigkeit und zu=
gleich für die pünktlichſte Geſetzmäßigkeit. Fügen wir
den Scharfſinn des Denkers hinzu, ſo konnte die kritiſche Philo=
ſophie keinen Charakter finden, der beſſer zu ihrem Begründer
gepaßt hätte. Jene beiden Züge ſind die menſchlichen Car=
dinaltugenden Kant's, die ſich im Großen und Kleinen wieder=

holen, und wie es bei einer solchen Kernnatur nicht anders sein kann, über die gewöhnlichen Grenzen hinausspielen. Er kann im Interesse der Unabhängigkeit Rigorist, in dem der Gesetzmäßigkeit Pedant werden. Er verfährt mit sich selbst durchgängig rational, er ordnet und regulirt sein Leben, als ob er es zur reinen Vernunft selbst machen wollte.

Als Philosoph forscht er nach den letzten Bedingungen der menschlichen Erkenntniß und schöpft daraus die Prin= cipien, welche unser Wissen sowohl begründen als begrenzen. Als Mensch stellt er sein eigenes Leben durchgängig unter die Herrschaft von Grundsätzen, die er sorgfältig und genau ausbildet, nach denen er, als einer strengen Richtschnur, auf das Pünktlichste handelt. Nach deutlich bewußten Grund= sätzen zu erkennen, jeden Act der Erkenntniß, jedes Urtheil mit dem vollen Bewußtsein sowohl über die Möglichkeit als Nothwendigkeit desselben zu begleiten: das ist der eigent= liche Zweck der kantischen Philosophie. Nach ebenso deutlich erkannten Grundsätzen in allen Punkten zu leben, jede Hand= lung richtig zu vollziehen jede mit dem Bewußtsein dieser Richtigkeit zu begleiten: das ist der eigentliche Plan und Genuß seines Lebens.- Nichts Zweckwidriges zu thun, überall die Handlung nach ihrer Zweckmäßigkeit zu bestimmen und mit dem Bewußtsein dieser Zweckmäßigkeit auszuführen, das ist ihm ein ebenso natürliches als moralisches Bedürfniß, das er nicht anders kann, als in allen Punkten befriedigen. Er ist überall in seiner Philosophie, wie in seinem täglichen Leben, der Mann der Principien und Grundsätze. Er würde nie dieser Philosoph geworden sein, wenn er nicht selbst in den geringfügigsten Kleinheiten des Lebens dieser Mensch gewesen wäre. Und darin besteht sowohl die Unabhängigkeit als die strenge Regelmäßigkeit seines Lebens. Es ist un= abhängig, weil es durchaus auf eigenen Maximen beruht; es ist vollkommen regelmäßig, weil es diese Maxime in allen Fällen befolgt.

1. Persönliche Unabhängigkeit; ökonomische Sorgfalt.

Die persönliche Unabhängigkeit im echten Sinne des Wortes war unserem Philosophen von Haus aus nicht leicht gemacht. Er mußte sie durch lange und ausdauernde An= strengung erwerben. Und der Grad, in dem er sie erworben hat, gilt uns zugleich als ein Maß für die Stärke seines Charakters. Von einer schwächlichen Gesundheit, die bei seinen Geistesarbeiten ihm Störungen und Schwierigkeiten aller Art bereitet, von geringen Vermögensumständen, die ihm keines= wegs die Mittel einer unabhängigen Existenz gewähren, findet sich Kant zunächst sowohl nach der physischen als ökonomischen Seite in einem abhängigen und hilfsbedürftigen Zustande. Er muß sich selbst soviel körperliches und ökonomisches Wohl= befinden erst erwerben, als nöthig ist, um nach beiden Seiten seine Unabhängigkeit und Geistesfreiheit zu sichern.

Um von dem Seinigen zu leben und nicht fremder Leute Hülfe zu brauchen, opferte Kant seinen Lieblingswunsch, in Königsberg zu bleiben, wurde Hauslehrer und blieb es neun Jahre, bis er im Stande war, die akademische Laufbahn zu betreten. Seine Einnahmen, auf Vorlesungen und Priva= tissima allein angewiesen, waren nicht bedeutend. Aber was ihm die Glücksumstände versagt hatten, gelang der unver= drossenen Arbeit und vor allem seiner haushälterischen Kunst. Er war durchaus sparsam. Der Grundsatz, nichts Zweck= widriges zu thun, hieß in's Oekonomische übersetzt: gar keine unnützen Ausgaben zu machen. Diesen Grund= satz befolgte er auf das Allerpünktlichste. Er verschwendete buchstäblich Nichts. Seine Sparsamkeit war eine wirkliche Tugend, die nach aristotelischer Ethik von der Verschwendung eben so weit als vom Geize entfernt war. Diese Tugend übte er ganz im Dienste seiner Unabhängigkeit. Er wollte von Niemand etwas annehmen dürfen, sich nichts umsonst thun lassen, Keinem etwas schuldig sein. Er hat niemals einen Gläubiger gehabt und sprach davon in seinem Alter mit ge= rechtem Stolz. So wurde er zuletzt auf die beste Weise der

Welt ein vermögender Mann, unterstützte seine armen Ver=
wandten reichlich, nicht durch zufällige Almosen, sondern indem
er ihnen jährlich eine bedeutende Summe aussetzte, und hinter=
ließ ihnen bei seinem Tode ein beträchtliches, für die damalige
Zeit sogar großes Capital. Jachmann erzählt von ihm:
„Schon von Jugend auf hat der große Mann das Bestreben
gehabt, sich selbstständig und von Jedermann unabhängig
zu machen; damit er nicht den Menschen, sondern sich selbst
und seiner Pflicht leben durfte. Diese seine Unabhängigkeit
erklärte er auch noch in seinem Alter für die Grundlage
alles Lebensglücks und versicherte, daß es ihn von jeher
viel glücklicher gemacht habe, zu entbehren, als durch den
Genuß ein Schuldner des Andern zu werden. In seinen
Magisterjahren ist sein einziger Rock schon so abgetragen
gewesen, daß einige wohlhabende Freunde es für nöthig ge=
achtet haben, ihm auf eine sehr discrete Art Geld zu einer
neuen Kleidung anzutragen. Kant freute sich aber noch im
Alter, daß er Stärke genug gehabt habe, dieses Anerbieten
auszuschlagen und das Anstößige einer schlechten aber doch
reinen Kleidung der drückenden Last der Schuld und Abhängig=
keit vorzuziehen. Er hielt sich deshalb auch für ganz vorzüglich
glücklich, daß er nie in seinem Leben irgend einem Menschen
einen Heller schuldig gewesen ist. „Mit ruhigem und freudigem
Herzen konnte ich immer: „Herein!" rufen, wenn Jemand
an meine Thür klopfte," pflegte der vortreffliche Mann oft zu
erzählen, „denn ich war gewiß, daß kein Gläubiger drau=
ßen stand.""

2. Kritische Gesundheitspflege.

Dieselbe kritische Sorgfalt und Vorsicht, womit er seine
Vermögensverhältnisse zusammenhielt, widmete er mit gleichem
Erfolge seinen körperlichen Zuständen. Unbemittelt, wie er
war, ist Kant lediglich durch seine weise und stetige Spar=
samkeit ein wohlhabender Mann geworden, und konnte sich
rühmen, nie einen Gläubiger gehabt zu haben. Unkräftig,

sogar leidend von Natur, hat er das hohe Greisenalter er=
reicht, bis auf die letzten Jahre im ungeschwächten Gebrauche
seiner geistigen Kraft, und konnte von sich sagen, „daß er nie
auch nur einen Tag krank gelegen oder der ärztlichen Hülfe
bedürftig gewesen sei." Dieses körperliche Wohlbefinden, wie
das ökonomische, war ein Werk allein seiner Umsicht. Seine
kritische Gesundheitspflege überbot wo möglich noch die öko=
nomische Ordnung. Aber wie er in der letzten Rücksicht von
Geiz und Habsucht, so war er in der ersten weit entfernt von
jeder Art der Verweichlichung. Im Gegentheil ordnete er
sein ganzes Leben auf das Strengste unter das System der
Gesundheitsregeln, die er sich selbst ausgebildet und festgestellt
hatte auf Grund einer fortwährenden, höchst sorgfältigen Be=
obachtung seiner körperlichen Stimmungen. Er studirte förm=
lich seine Leibesverfassung, wie er als Philosoph die Verfassung
der menschlichen Vernunft untersuchte. Er beobachtete seinen
Körper, wie ein sorgfältiger Meteorolog das Wetter beobachtet.
Unter seinen Gesundheitsregeln war die oberste die Nicht=
verweichlichung des Körpers, die Enthaltsamkeit und Ab=
härtung, das sustine und abstine. Die moralische Willens=
kraft galt ihm als das oberste Regime des Körpers und unter
Umständen für die wohlthätigste Arznei. Er brauchte so zu
sagen die reine Vernunft zugleich als Medicin und Heilme=
thode. Es war eine auf reine Vernunft gegründete ärztliche
Kunst, das menschliche Leben zu erhalten, zu verlängern, vor
Krankheiten zu bewahren, von gewissen krankhaften Störungen
sogar zu befreien. In diesem Sinne widmete er Hufeland,
dem Verfasser der Makrobiotik, jenen Aufsatz, den er später
in den „Streit der Facultäten" mit Hinblick auf die medi=
cinische aufnahm: „von der Macht des Gemüths, durch
den bloßen Vorsatz seiner krankhaften Gefühle Mei=
ster zu sein." Diese Heilkraft des Willens hatte er an sich
selbst geübt und bewährt. Seine körperliche Verfassung hätte
ihn sehr leicht zur Hypochondrie führen können. In Folge
seiner engen und flachen Brust litt er an einer fortwährenden

Herzbeklemmung, einem beständigen Druck, den kein äußeres, mechanisches Mittel heben konnte. Dieses Leiden verließ ihn eigentlich nie und machte ihn eine Zeit lang schwermüthig, beinahe lebensüberdrüssig. Da kein anderes Mittel half, so machte er sich diese seine Disposition klar und faßte den heil= samen Entschluß, sich nicht weiter um die Sache zu kümmern, da ja das beständige Denken an das Leiden selbst das Uebel nur verschlimmern könnte. Und gerade hierin lag die Gefahr der Hypochondrie. Er besiegte diese Gefahr durch den bloßen Vorsatz, ihr nicht nachzugeben. Die Beklemmung der Brust, diesen mechanischen Zustand, konnte er füglich nicht beseitigen, aber er brachte Ruhe und Heiterkeit in den Kopf, und so war er trotz jenes körperlichen Druckes ungehindert im Denken, offen in der Gemüthsstimmung, heiter in der Gesellschaft. Auch bei andern Empfindungen, die noch peinlicher waren, wußte er den störenden Einfluß dadurch zu bezwingen, daß er seine Aufmerksamkeit energisch davon ablenkte, bis ihn die Sache nicht mehr rührte. Auf diese Weise beherrschte er sogar die gichtartigen Schmerzen, die ihn während der letzten Jahre öfters am Einschlafen hinderten: durch eine freiwillig ge= wählte Vorstellung nicht aufregender Art gab er seinem Geiste geflissentlich eine andere Richtung, die er so lange verfolgte, bis sich der Schlaf einstellte. Selbst gegen Schnupfen und Husten kehrte er mit gutem Erfolg seine moralische Heil= methode. Er nahm sich fest vor, so lange bei geschlossenen Lippen zu athmen, bis er den vollen und freien Luftzug durch den gehemmten Kanal erobert hatte. Eben so nahm er sich vor, den Reiz, der den Husten verursachte, durchaus nicht zu beachten, und setzte es durch „mit einem recht großen Grade des festen Vorsatzes." Bis in die kleinsten Dinge bildete er seine Gesundheitsregeln aus. Die Spaziergänge machte er gewöhnlich allein, um nicht durch die Unterhaltung zum Sprechen, und dadurch zum Athemholen mit geöffneten Lippen genöthigt zu werden, wodurch er sich rheumatischen Affec= tionen aussetzte. Es war ihm sehr unangenehm, wenn von

ungefähr ihm ein Bekannter begegnete, der an seinem Spaziergange Theil nahm. Um während des Arbeitens in seinem
Zimmer nicht ohne Bewegung zu bleiben, hatte er grundsätz-
lich die Gewohnheit genommen, sein Taschentuch auf einem
entfernten Stuhle liegen zu lassen, damit er bisweilen zum
Aufstehen und Gehen genöthigt sei. Auf das Sorgfältigste
war nach ausgedachten Regeln das System der ganzen Diät
eingerichtet, das Maß und die Beschaffenheit der Speisen
und Getränke, die Dauer des Schlafs, die Art des nächtlichen
Lagers, sogar die Methode sich zu bedecken. So machte sich
Kant selbst zu seinem Arzt und dadurch unabhängig von der
gelehrten Medicin. Die verschriebenen Arzneimittel waren
ihm zuwider, er hütete sich davor, ausgenommen die Pillen
seines alten Universitätsfreundes Trummer. Doch interessirten
ihn bei seiner kritischen Gesundheitspflege die verschiedenen Heil-
systeme und Entdeckungen der wissenschaftlichen Medicin außerordentlich; das Brown'sche System hatte seinen Beifall, die
Schutzblattern und die Jenner'sche Impfungsmethode erklärte
er für „Einimpfung der Bestialität," besonders wichtig erschien ihm die Chemie in ihrem Einfluß auf die wissenschaftliche Heilkunde.

Man muß diese Gesundheitsrücksichten Kant's, so klein-
lich sie scheinen, nicht unrichtig beurtheilen. Von einer ängst-
lichen Sorge für das liebe Leben oder gar von Todesfurcht
war er ganz frei. Er besorgte und bedachte seinen Körper
wie ein Instrument, das er gerne so lange als möglich brauch-
bar und tüchtig erhalten wollte. Seine Gesundheit, für welche
die Natur wenig gethan, war gleichsam sein eigenes wohl-
überlegtes Werk geworden. Kein Wunder, daß er sich mit
der Vorliebe eines Autors für dieses Werk interessirte, nichts
darauf bezügliches außer Acht ließ, gern darüber sprach, und
es mit Selbstzufriedenheit empfand, daß er sich selbst so zweck-
mäßig behandle. Seine Gesundheit war gleichsam sein Experi-
ment. Und so war die Sorgfalt, die er darauf verwendete, nur
die Umsicht, welche glückliche Experimente verlangen. Selbst

seine Lebensdauer suchte er aus Wahrscheinlichkeitsgründen zu berechnen. Darum las er stets mit großem Interesse die Königsberger Mortalitätslisten, die er sich allemal von der Polizeibehörde zuschicken ließ.

3. Philosophisches Stillleben.

In seinen Arbeiten, welche die größte Sammlung for= derten, wollte er schlechterdings nicht gestört sein. Darum hielt er sorgfältig auch jede äußere Unruhe von sich fern. Zu der Unabhängigkeit, deren er bedurfte, gehörte auch die mög= lich größte Ruhe von Außen. Sollte die Wohnung ihm be= hagen, so konnte sie nicht geräuschlos genug sein. Und da sich diese Bedingung in einer Stadt wie Königsberg nicht eben leicht erfüllen ließ, so wechselte er häufig seine Wohnung. Die eine, in der Nähe des Pregel, war dem Lärm der Schiffe und polnischen Fahrzeuge ausgesetzt. Eine andere ließ er im Stich, weil ihm der Hahn des Nachbars zu oft krähte; um jeden Preis wollte er den Hahn kaufen, aber der Nachbar gab ihn nicht her, und Kant mußte weichen. Endlich kaufte er sich ein bescheidenes, am Schloßgraben gelegenes Haus. Indessen auch hier blieben die Störungen nicht aus. Unweit davon lag das Stadtgefängniß, dessen Bewohner zu ihrer Besserung und Erweckung geistliche Lieder singen mußten, die bei den offenen Fenstern und den laut schreienden Stimmen Kant un= mittelbar in's Ohr fielen. Sehr ungehalten über diese äußerst unbequeme Störung, die er einen „Unfug," „einen geistlichen Ausbruch der Langenweile" nannte, schrieb Kant an den ihm befreundeten Hippel, der erster Bürgermeister der Stadt und zugleich Aufseher des Gefängnisses war, folgende Zeilen, die wir wörtlich mittheilen, weil sie Kant's Gemüthsstimmung bei dieser Gelegenheit vortrefflich ausdrücken: „Ew. Wohl= geboren waren so gütig, der Beschwerde der Anwohner am Schloßgraben wegen der stentorischen Andacht der Heuchler im Gefängnisse abhelfen zu wollen. Ich denke nicht, daß sie zu klagen Ursache haben würden, als ob ihr Seelenheil Gefahr liese, wenn gleich ihre Stimme beim Singen dahin gemäßigt würde, daß sie sich selbst bei zugemachten Fenstern hören könnten (ohne auch selbst alsdann aus allen Kräften zu schreien). Das Zeugniß des Schützen" (Gefängnißwärters), „um welches es ihnen wohl eigentlich zu thun scheint, als ob sie sehr gottesfürchtige Leute wären, können sie dessenunge= achtet doch bekommen; denn der wird sie schon hören, und im Grunde werden sie nur zu dem Tone herabgestimmt, mit dem sich die frommen Bürger unserer guten Stadt in ihren Häusern erweckt genug fühlen. Ein Wort an den Schützen, wenn Sie denselben zu sich rufen zu lassen und ihm Obiges zur beständigen Regel zu machen belieben wollen, wird diesem Unwesen auf immer abhelfen, und denjenigen einer Unan= nehmlichkeit überheben, dessen Ruhestand Sie mehrmalen zu befördern gütigst bemüht gewesen und der jederzeit mit der vollkommensten Hochachtung ist Ew. Wohlgeboren gehorsam= ster Diener J. Kant."

Uebrigens war der Gesang im Gefängniß nicht die ein= zige Störung. In der Nachbarschaft gab es auch bisweilen Tanzmusik zu hören, die unserm Philosophen Zeit und Laune verdarb. Diese Umstände mögen das ihrige dazu beigetragen haben, daß Kant gegen die Musik überhaupt verstimmt wurde und sie eine „zudringliche Kunst" nannte. Er hat ihr die Störung bis in die Aesthetik nachgetragen. Doch nicht blos dergleichen Geräusch, sondern Alles, was seine gewohnte Um= gebung unterbrach und veränderte, war ihm störend. In der Dämmerungsstunde pflegte er regelmäßig zu meditiren, und wie er die Gewohnheit hatte, bei scharfem Nachdenken irgend einen äußern Gegenstand zugleich fest in's Auge zu fassen, so blickte er während jener beschaulichen Stunde vom Ofen seines Studirzimmers aus unverwandt durch das Fenster nach dem gegenüberliegenden Löbenicht'schen Thurm. Er konnte sich nicht lebhaft genug ausdrücken, erzählt Wasianski, wie wohlthätig seinem Auge der für dasselbe passende Abstand dieses Objects sei. Unterdessen steigen zwischen dem Auge Kant's

und dem Löbenicht'schen Thurm die Pappeln im Garten des
Nachbars so hoch empor, daß sie den Thurm verdecken. Und
diese Lücke in der gewohnten Aussicht empfand unser Philo=
soph so störend, daß er nicht abließ, bis der gefällige Nachbar
die Wipfel seiner Bäume geopfert hatte. Jede Veränderung
in seiner Häuslichkeit, in dem geläufigen Text seiner Lebens=
ordnung, auch die geringfügigste, fiel ihm schwer und so lange
als möglich hielt er sie fern. Seine gewohnte Lebens= und
Hausordnung war gleichsam mit seinem Charakter verwachsen.
In den letzten Jahren freilich, bei der überhandnehmenden
Altersschwäche, mußte manches verändert und namentlich
fremde Hülfe in Anspruch genommen werden. Nur mit Wider=
willen wich er der unumgänglich gewordenen Nothwendig=
keit. Einen alten Diener, den er vierzig Jahre gehabt, der
aber zuletzt nicht blos ganz untauglich, sondern im äußersten
Grade nichtswürdig sich benahm, entließ Kant erst nach langen
innern Kämpfen. Tagelang ging ihm die Sache nach und die
Entwöhnung von jenem Menschen wurde ihm so schwer, daß
er sich ausdrücklich und mit einer gewissen Anstrengung vor=
nehmen mußte, an den ganzen Vorgang nicht weiter zu denken.
Um diesen Vorsatz sich einzuschärfen, schrieb er auf einen jener
Gedankenzettel, womit er damals seinem Gedächtniß zu Hülfe
kam: „Lampe" -- so hieß der Diener — „muß vergessen
werden."*

4. Kritische Lebensordnung.

Seine ganze Lebensweise war durch genaue Grundsätze
und Gewohnheiten bis zur mathematischen Regelmäßigkeit
ausgeprägt. Jeder Tag war durch die pünktlichste Eintheilung
gleichsam liniirt. Ein Tag verfloß wie der andere. Die Zeit
war Kant's Hauptvermögen, das er so sorgfältig und ökono=
misch, wie seine Geldmittel, verwaltete. Der Schlaf durfte
ihm nie mehr als sieben Stunden kosten. Pünktlich um zehn
Uhr ging er zu Bett; pünktlich um fünf Uhr stand er auf.

---

* 1. Februar 1802.

Der Diener hatte die Weiſung, ihn zu wecken und ihn um
keinen Preis länger ſchlafen zu laſſen. Er ließ ſich gerne von
ſeinem Diener bezeugen, daß er in dreißig Jahren auch nicht
ein einziges Mal den Zeitpunkt aufzuſtehen verfehlt habe.
Die erſten Morgenſtunden waren größtentheils den Vor=
leſungen gewidmet, die auch in der Tagesordnung Kant's
obenan ſtanden. Punkt ſieben Uhr begab ſich Kant aus ſeinem
Studirzimmer in den Hörſaal. Nach den Vorleſungen, die
gewöhnlich bis 9 Uhr dauerten, kehrte er an ſeinen Arbeitstiſch
und in ſeine häusliche Bequemlichkeit zurück, jetzt kamen die
wiſſenſchaftlichen Arbeiten an die Reihe, die zum Druck be=
ſtimmten Schriften. Ohne Unterbrechung wurde bis gegen
ein Uhr gearbeitet, dann kam der Mittagstiſch, für Kant die
Zeit der angenehmſten und genußreichſten Erholung. Er
liebte die geſelligen Tafelfreuden; unter allen Lebensgenüſſen
ſinnlicher Art waren ihm dieſe die liebſten, ſie waren die ein=
zigen, die er mit einer gewiſſen Behaglichkeit und Sorgfalt
pflegte. Nur muß man ſich den einfachen Mann nicht als einen
ausgeſuchten Feinſchmecker vorſtellen. Von Koſtbarkeit war
hier ſo wenig als ſonſt in ſeinem Leben die Rede. Aber in
den beſcheidenen Grenzen des bürgerlichen Maßſtabes genoß
er die Mittagsfreuden mit Wohlgefallen und ſogar mit einem
nicht geringen Aufwande von Zeit. In dem coenam ducere
folgte er gern dem epikuräiſchen Beiſpiele der Alten. Natür=
lich war es nicht das Eſſen, das ſo viel Zeit koſtete, gewöhn=
lich drei, bisweilen fünf Stunden, ſondern die Geſellſchaft,
die Kant nirgends lieber hatte als beim Gaſtmahl. Hier war
er ſelbſt am geſprächigſten, am meiſten mittheilſam. Er hatte
die Gabe einer mannigfaltigen, intereſſanten und für alle
möglichen Dinge geſchickten Unterhaltung, und ſo machte er
einen ebenſo liebenswürdigen Wirth als einen überall will=
kommenen Gaſt. Niemand hätte in dieſem heiteren, gemüth=
lichen Tiſchgenoſſen, der mit Jedermann ein intereſſantes
Geſpräch zu führen wußte, mit Frauen über Küche und Koch=
kunſt beſonders gern ſich unterhielt, den tiefſten und ſchwie=

rigsten Denker des Zeitalters vermuthet. Bis in sein dreiund=
sechszigstes Jahr brachte er die Mittagsstunden in einem
Gasthause zu, später als er eine eigene häusliche Einrichtung
hatte, lud er sich täglich einige seiner guten Freunde ein, um
seine Mahlzeit zu theilen, und diese Tischfreunde Kant's
spielen keine unwichtige Rolle in seinem Leben. Mit jener
kritischen Sorgfalt, die ihm nirgends fehlte, verfuhr Kant
förmlich systematisch in der Anordnung seiner kleinen Gast=
mahle. Alles war überlegt, nach einer Regel verknüpft, da=
mit es zu einander passe: die Wahl der Speisen, die Zahl
und Personen der Gäste, der Inhalt der Tischgespräche, selbst
Form und Zeitpunkt der Einladung. Nie durften der Gäste
weniger als drei, nie mehr als neun sein; seine Tischgesell=
schaft, „sollte nicht geringer sein als die Zahl der Grazien
und nicht größer, als die der Musen." Auf die Mahlzeit
folgte dann stets nach einer kleinen Pause der regelmäßige
Spaziergang, der etwa eine Stunde, bei günstiger Witterung
auch länger dauerte; gewöhnlich ging er den sogenannten
Philosophenweg, meistens allein, immer langsam, beides aus
Gesundheitsrücksichten. Die Abendstunden in seinem Studir=
zimmer gehörten der Lectüre, die Dämmerungsstunden der
Meditation. Um zehn Uhr war das so geregelte Tagewerk
beschlossen. Nicht leicht konnte ihn etwas bewegen, dieses
ausgefahrene Geleis seiner täglichen Ordnung zu verlassen.
Und war er je einmal unfreiwillig in die Lage einer kleinen
Unregelmäßigkeit gekommen, hatte sich jene Ordnung durch
irgend einen Zufall einmal verschoben, so hütete er sich gewiß
vor dem zweitenmale, ja er setzte sich nach einer solchen Er=
fahrung die ausdrückliche Maxime, in allen künftigen Fällen
eine ähnliche Lage zu vermeiden. Dabei machte die Gering=
fügigkeit des Falles keineswegs eine Ausnahme, so daß die
strenge und allgemeine Form der Maxime mit der Kleinheit
und Zufälligkeit des Inhalts oft komisch contrastirte. Jach=
mann erzählt als Beispiel dieser Art einen kleinen, sehr be=
zeichnenden Vorfall. „Eines Tags kommt Kant von seinem

gewöhnlichen Spaziergange zurück, und eben wie er in die
Straße seiner Wohnung gehen will, wird ihn der Graf * *
gewahr, welcher auf einem Cabriolet dieselbe Straße fährt.
Der Graf, ein äußerst artiger Mann, hält sogleich an, steigt
herab und bittet unsern Kant, mit ihm bei dem schönen
Wetter eine kleine Spazierfahrt zu machen. Kant giebt ohne
weitere Ueberlegung dem ersten Eindruck der Artigkeit Ge=
hör und besteigt das Cabriolet. Das Wiehern der raschen
Hengste und das Zurufen des Grafen macht ihn bald bedenk=
lich, obgleich der Graf das Kutschiren vollkommen zu verstehen
versichert. Der Graf fährt nun über einige bei der Stadt
gelegene Güter, endlich macht er ihm noch den Vorschlag,
einen guten Freund eine Meile von der Stadt zu besuchen,
und Kant muß aus Höflichkeit sich in Alles ergeben, so daß
er ganz gegen seine Lebensweise erst gegen zehn Uhr voll
Angst und Unzufriedenheit bei seiner Wohnung abgesetzt wird.
Aber nun faßte er auch die Maxime, nie wieder in einen Wagen
zu steigen, den er nicht selbst gemiethet hätte und über den
er nicht selbst disponiren könnte, und sich nie von Jemand zu
einer Spazierfahrt mitnehmen zu lassen. Sobald er eine
solche Maxime gefaßt hatte, so war er mit sich selbst einig,
wußte, wie er sich in einem ähnlichen Falle zu benehmen
habe, und Nichts in der Welt wäre im Stande gewesen, ihn
von seiner Maxime abzubringen."

So ging das Leben Kant's durchgängig wie das regel=
mäßigste aller Zeitwörter. Alles war überlegt, durchdacht,
nach Regeln und Maximen bestimmt und ausgemacht bis
in die kleinsten Umstände, bis in den täglichen Küchenzettel,
bis in die Farbe jedes einzelnen Stücks seiner Kleidung.
Er lebte in allen Punkten als der kritische Philosoph, von
dem Hippel im Scherz sagte, daß er eben so gut eine Kritik
der Kochkunst als der reinen Vernunft schreiben könne.

5*

5. Cölibatäre Einsamkeit.

Bei dieser Lebensverfassung nun, die einem vollkommen geschlossenen Systeme gleichsam und so genau und umständ- lich eingetheilt war wie ein kantisches Buch, bei dieser stereo- typen Ordnung, die in allen Punkten die persönliche Unab- hängigkeit des Philosophen zum Zweck hatte, — erklärt sich von selbst, warum Kant in seinem häuslichen Leben sich selbst genug war und gar keine Neigung hatte, zu zweien zu leben. In der That konnte der einförmige Kreislauf seines Lebens keinen andern Mittelpunkt haben, als ihn selbst. Darin liegt der Grund, warum Kant Hagestolz geblieben. Die Ehe paßte nicht zu seiner Lebensordnung. In seiner ausschließ- lichen Liebe zur Unabhängigkeit lag die Anlage zum Cöli- batär. Auch waren jene Neigungen, die das eheliche Leben fordern, in Kant niemals so lebhaft, daß ihm die Ehelosigkeit eine große Entsagung gekostet hätte. Es war in seinem Leben nirgends ein leerer Platz, den die Ehe hätte ausfüllen können. Und je älter er wurde, um so eingelebter und darum fester wurden die Gewohnheiten und sein ganzes mit Grundsätzen belegtes Lebenssystem, um so unzugänglicher natürlich wurde er selbst gegen die eheliche Gemeinschaft. Seine Biographen wollen wissen, daß er noch im späteren Alter zweimal nahe daran gewesen sei, zu heirathen, aber den günstigen Zeit- punkt versäumt habe; dies beweist, daß ihm die Sache nicht Ernst war. Er war über den Ehestand mit dem Apostel Paulus einverstanden, daß heirathen gut, nicht heirathen besser sei, und berief sich dabei auf das Urtheil einer sehr verstän- digen Frau, welche ihm öfters gesagt hätte: „ist dir wohl, so bleibe davon." Man darf ihn deshalb weder für gemüth- los noch für einen Weiberfeind halten, er war in der That keines von beiden, vielmehr liebte er sehr den geselligen Um- gang mit Frauen, und man erzählt, daß er sich gern und und liebenswürdig mit Frauen unterhalten konnte. Nur durfte die Unterhaltung nie gelehrt sein und überhaupt nicht Gegenstände berühren, welche die Grenzen der neutralen

Geselligkeit überschritten. Die weibliche Anmuth, wo sie ihm
im geselligen Verkehr entgegentrat, empfand er lebhaft und
mit großem Wohlgefallen; aber daß diese schöne Hälfte der
menschlichen Lebensvollkommenheit ihm selbst fehlte, diesen
Mangel hat er wohl niemals ernsthaft, viel weniger schmerz=
lich gefühlt. Den Wünschen seiner Freunde, die es an Zu=
reden und selbst Hinweisungen nicht fehlen ließen, blieb er ver=
schlossen, so gutmüthig er sie aufnahm. Noch in seinem neun=
undsechzigsten Jahre setzte ihm ein königsberger Pfarrer sehr
dringlich zu, daß er heirathen möge, und brachte Kant selbst
in ungewohnter Stunde eine zu diesem Zweck verfaßte Druck=
schrift: „Raphael und Tobias oder das Gespräch zweier
Freunde über den Gott wohlgefälligen Ehestand." Kant ent=
schädigte den guten Mann für die gehabten Druckkosten und
erzählte oft mit dem besten Humor von dieser erbaulichen
Unterredung. Freilich blieb auch bei ihm der Mangel nicht
aus, den die Ehelosigkeit immer zurückläßt; nur daß dieser
Mangel ihm selbst weniger empfindlich war, als er es uns
ist. Die Ehe gehört zu den Verhältnissen, die man nur kennen
lernen kann, wenn man sie erlebt, und weil Kant sie nie
erlebt hat, so blieb ihm das Glück und die Tiefe dieser
Lebensgemeinschaft verborgen. Er betrachtete die Ehe als
ein äußeres Rechtsverhältniß, bei dem zunächst die beiden
Betheiligten einander nicht Zweck sind, sondern blos Mittel;
und was für seine Betrachtungsweise charakteristisch ist, er
fand die nützlichste Seite der Ehe in dem ökonomischen
Umstande, daß eine vermögende Frau etwas Wesentliches bei=
trägt zur Unabhängigkeit ihres Mannes. Solche ökonomisch
gesicherte, zugleich auf gegenseitiges Wohlwollen gegründete
Ehen erschienen ihm als die wahrhaft glücklichen, als wirk=
liche Vernunftheirathen, weil sie aus soliden Vernunft=
gründen geschlossen waren. Dergleichen Vernunftheirathen
pflegte er seinen jüngeren Freunden dringend und oft mit
ganz bestimmten Hinweisungen zu empfehlen und sah es sehr
ungern, wenn leidenschaftliche Neigungen seiner wohlwollen=

den Absicht im Wege standen. Man konnte nicht prosaischer, nüchterner, gewöhnlicher, nach dem Sinn der meisten Menschen praktischer über die Ehe denken als Kant, der für den poetischen, gemüthvollen Charakter derselben keinen Sinn hatte: ein Mangel, den wir dem Philosophen so weit vergeben wollen, als wir dem Hagestolzen diesen Mangel anrechnen dürfen. In einigen ihrer Heroen ist die Philosophie der Ehe ungünstig gewesen; auch Cartesius und Hobbes, auch Spinoza und Leibniz waren Cölibatäre.

6. Freundschaften.

Gegen die Fähigkeit gemüthlicher Theilnahme ist übrigens Kant's der Ehe ungünstige und gleichgültige Stimmung kein Zeugniß, denn er hatte für Freundschaft die lebhafteste und wärmste Empfindung. Der tägliche vertraute Verkehr mit einigen sicheren Freunden entsprach eben so sehr seinem gemüthlichen Bedürfniß als seinem Lebenssystem. In diesem kleinen, heimischen Freundeskreise war ihm wohl und behaglich wie in seiner liebsten Gewohnheit. Der Verlust eines dieser Freunde war ihm unter allen schmerzlichen Lebenserfahrungen die schmerzlichste. So lange noch ein Schimmer von Hoffnung war, verfolgte er mit ängstlicher Theilnahme den Lauf der Krankheit, die einen seiner Freunde ergriffen. Sobald er aber den Todesfall erfahren hatte, übte er jenen Grundsatz, womit er sich stets von den peinlichsten Schmerzen zu befreien pflegte. Er that sich Gewalt an, zog seine Gedanken von dem unabänderlichen Verluste ab, sprach von der Sache nicht mehr, um sich nicht durch die erneute schmerzliche Vorstellung zu rühren und durch Rührung zu erschlaffen, und ging ruhig und in sich gefaßt zu seiner Tagesordnung, d. h. zu seiner Arbeit über. So ließ er sich nach Hippel's Befinden während dessen letzter Krankheit auf's sorgfältigste erkundigen, fragte einen Jeden darnach, der zu ihm kam; sagte aber den Tag nach seinem Tode in einer großen Mittagsgesellschaft, wo man über den Hingang Hippel's ein Gespräch

anknüpfen wollte: „es wäre freilich Schade für den Wirkungs=
kreis des Verstorbenen, aber man müsse den Todten bei den
Todten ruhen lassen."

Die Freundschaften Kant's waren von seinem gelehrten
Stande ganz unabhängig und keineswegs durch wissenschaft=
liche Zwecke oder die akademische Amtsgenossenschaft ver=
mittelt. Die Philosophie hatte darauf gar keinen Einfluß.
Hier war sich Kant selbst genug, und die Freundschaft war
ihm auf dieser Seite seines Lebens am wenigsten Bedürfniß.
Er folgte da ganz seinen unabhängigen persönlichen Nei=
gungen. Auch mochte ihm der Verkehr mit erfahrenen
Männern aus ganz anderen Lebensgebieten, als das seinige,
eine wohlthuende Ergänzung sein. Seine meisten und liebsten
Freunde waren praktische Geschäftsmänner der ehrenwerthen
bürgerlichen Art, wie die Kaufleute Green und Motherby,
wie der Bankdirector Ruffmann, der Oberförster Wobser
in Modittеn, bei dem sich Kant manchmal wochenlang während
der Ferien aufhielt. In dem gastlichen Forsthause schrieb
er unter andern seine Beobachtungen vom Schönen und Er=
habenen, und die Charakteristik des deutschen Mannes, die er
darin gab, war nach der Natur, nämlich nach dem Vorbilde
seines Freundes Wobser, gezeichnet. Seine kaufmännischen
Freunde standen ihm in der Verwaltung seines Vermögens
mit Rath und That bei; was Kant haushälterisch und arbeit=
sam erworben hatte, das wußten Green und Motherby zweck=
mäßig anzulegen und zu vermehren. Besonders vertraut war
seine Freundschaft mit dem Engländer Green. Die beiden
Männer, gleich energisch in ihren Meinungen, hatten ihre
Bekanntschaft auf eine höchst feindselige Art gemacht, um
sogleich die besten Freunde zu werden. Kant hatte bekannt=
lich in dem amerikanischen Unabhängigkeitskampfe auf das
Lebhafteste die Partei Amerika's gegen England ergriffen.
Green dagegen war der leidenschaftlichste Anhänger der eng=
lischen Sache, die er als seine eigene empfand. Nun traf es
sich von ungefähr, daß zu jener Zeit Kant bei einem Spazier=

gange im Dönhof'schen Garten einen seiner Bekannten in
einer Gesellschaft andrer Männer findet, die, in einer Laube
sitzend, politisiren. Das Gespräch führt auf die große Tages=
begebenheit. Kant spricht unumwunden seine amerikanischen
Sympathien aus und äußert sich rücksichtslos gegen das Be=
nehmen Englands. Da springt Green, der von der Gesell=
schaft war, wüthend auf, erklärt die Aeußerungen Kant's für
Beleidigungen, die ihn als Engländer persönlich angehen,
und fordert Genugthuung. Kant giebt sie ihm mit Worten,
so ruhig und mit einer der Empfindung Green's so überlegenen
Art, die Angelegenheiten und den Streit der Völker zu beur=
theilen, daß ihm dieser gewonnen und versöhnt die Hand
reicht und die Freundschaft anknüpft, die beide fest und un=
auflöslich bis zum Tode verbinden sollte. Green starb schon
1784, also zwanzig Jahre vor Kant. Und dem letztern war
dieser Verlust so schmerzlich, daß er seitdem anfing, sich von
dem geselligen Verkehr zurückzuziehen, und namentlich seine
Abende einsam zubrachte. Green war durchaus originell und
und besonders in seiner Pünktlichkeit auf die Minute unserm
Philosophen sehr ähnlich. Wo möglich war er noch pünkt=
licher als Kant. Man behauptet, daß Hippel's Lustspiel:
„der Mann nach der Uhr" Green's Conterfei sei. Man kann
sich von diesem ächten „whimsical man" eine Vorstellung
machen, wenn man sich folgenden Zug erzählen läßt: „Kant
hatte eines Abends seinem Freunde Green versprochen, ihn
am folgenden Morgen um acht Uhr auf einer Spazierfahrt
zu begleiten. Green, der bei einer solchen Gelegenheit um
Dreiviertel schon mit der Uhr in der Hand in der Stube
herumging, mit der fünfzigsten Minute den Hut aufsetzte,
in der fünfundfünfzigsten seinen Stock nahm und mit dem
ersten Glockenschlage den Wagen öffnete, fuhr fort und sah
unterwegs Kant, der sich etwa zwei Minuten verspätet hatte
und ihm entgegen kam, hielt aber nicht an, weil dies gegen
die Abrede und gegen seine Regel war." Uebrigens muß
Green neben der strengsten Rechtschaffenheit zugleich ein Mann

von schärfstem Verstande gewesen sein. Wenigstens hat Kant
versichert, daß er in seiner Kritik der reinen Vernunft keinen
einzigen Satz niedergeschrieben habe, den er nicht zuvor Green
vorgetragen und von ihm habe beurtheilen lassen. Viele
Jahre hindurch hat Kant seine Nachmittagsstunden bei Green
zugebracht. Jachmann beschreibt diese Nachmittagsstunden
in einem köstlichen Genrebilde, das ich als solches hier mit=
theile: „Kant ging jeden Nachmittag zu Green, fand diesen
in einem Lehnstuhle schlafen, setzte sich neben ihn, hing seinen
Gedanken nach und schlief auch ein. Dann kam gewöhnlich
Bankdirektor Ruffmann und that ein Gleiches, bis endlich
Motherby zu einer bestimmten Zeit in's Zimmer trat und
die Gesellschaft weckte, die sich dann bis sieben Uhr mit den
interessantesten Gesprächen unterhielt. Diese Gesellschaft ging
so pünktlich um sieben Uhr auseinander, daß ich öfters die
Bewohner der Straße sagen hörte: es könne noch nicht sieben
sein, weil der Professor Kant noch nicht vorbeigegangen wäre!"
Unter seinen Amtsgenossen war ihm Professor Kraus
der liebste, der auch eine Zeitlang zu Kant's täglichen Tisch=
genossen gehörte. Von ihrer wohlthätigsten Seite zeigte sich
Kant's Freundschaft gegen die jüngeren Männer, die seine
Schüler gewesen und als solche sein Vertrauen und damit
seinen nähern Umgang gewonnen hatten. Gegen diese jungen
Leute war er überaus theilnehmend, hülfreich, zu ihrer Unter=
stützung mit Aufopferung bereit, für ihre Zukunft mit väter=
licher Sorgfalt bedacht. Konnte er ihnen ein Stipendium
oder eine angemessene Stelle verschaffen, so war ihm keine
Mühe zu viel, und der günstige Erfolg machte ihm die
größte Freude. Bei solchen Gelegenheiten zeigte sich das Wohl=
wollen seines guten Herzens in der liebenswürdigsten Weise.
Natürlich mußte er von der Würdigkeit seines Schützlings
fest überzeugt sein. Seine Biographen erzählen von der
Freundlichkeit Kant's in dieser Rücksicht eine Menge sprechender
Züge. Einem seiner jungen Freunde, den er besonders schätzt,
wünscht er zu einer Feldpredigerstelle zu verhelfen. Er em=

pfiehlt ihn dem Chef des Regiments. Nun muß aber der Candidat eine Probepredigt halten, und Kant liegt Alles daran, daß er die Probe besteht. Was thut Kant? Er erkundigt sich nach dem vorgeschriebenen Text der Probepredigt, entwirft sich im Stillen eine Disposition, läßt den Candidaten einige Tage vor dem Termin in ungewöhnlicher Morgenstunde zu sich kommen, lenkt das Gespräch geschickt auf den Text der Predigt und unterhält sich mit ihm über das Thema, auf das sich Kant förmlich vorbereitet hat, als ob er selbst die Predigt hätte halten sollen. Jachmann kann aus eigener Erfahrung dieses väterliche Wohlwollen Kant's nicht lebhaft und dankbar genug rühmen.

Pünktlich und wortgetreu, wie er selbst in jeder Hinsicht war, machte er diese Pünktlichkeit auch bei Andern zur ersten Bedingung seines Vertrauens. Hier konnte man es leicht mit ihm verderben. Unzuverlässigkeit, namentlich bei jungen Leuten, mochte er am letzten verzeihen. Einem Studenten, der versprochen hatte, zu bestimmter Stunde bei Kant zu erscheinen, und nicht erschienen war, machte er die ernstlichsten Vorwürfe und erlaubte ihm nicht, bei einem öffentlichen Disputationsacte, der eben stattfinden sollte, zu opponiren: „Sie möchten doch nicht Wort halten, sich nicht zum Disputationsact einfinden und dann Alles verderben." Bei ihm selbst galt ein Wort ein Mann! Der Sohn seines Freundes Nicolovius hatte den Entschluß gefaßt, Buchhändler zu werden. Kant billigte den Plan und ließ dabei von fern merken, daß er selbst dem künftigen Geschäft, wenn es zu Stande komme, sich gern nützlich beweisen wolle. Diese Andeutung bewährte er wie ein festes Versprechen. Er gab Nicolovius seine Schriften gegen ein Geringes in Verlag und lehnte die vortheilhaftesten Anerbietungen anderer Buchhändler ab, aus Theilnahme für den Sohn seines Freundes.

7. Geistesarbeit.

Und eben dieselbe Pünktlichkeit und Ordnung bewies er in seinen Arbeiten. Erst machte er im stillen Nachdenken den Entwurf, durchdachte meistens auf seinen einsamen Spaziergängen den Gegenstand, den er behandeln wollte, dann zeichnete er die Entwürfe schriftlich auf einzelne Blätter auf, darauf folgte die zusammenhängende Bearbeitung der Sache im Einzelnen, und wenn diese vollendet war, die zum Druck bestimmte Abschrift, die bis zum letzten Punkt fertig sein mußte, bevor das Manuscript in die Presse wanderte. Daher die Reise und der durchdachte Charakter der kantischen Schriften, worin sie in der gesammten philosophischen Literatur eine so vorzügliche, in der deutschen Philosophie unbedingt die erste Stelle einnehmen.

Kant's philosophischer Entwicklungsgang ist der vollkommene Ausdruck seines Charakters: er schreitet vorwärts in gemessenen Schritten, bedächtig, fest, und darum langsam; kein Schritt wird zurückgenommen, keiner wird übereilt; die ausgelebten Gedanken werden nicht wieder erneuert, die neuen werden auf das gründlichste durchdacht und erwogen, bevor sie öffentlich auftreten; jedes neue Werk erscheint als die Frucht eines reifen, sich lange berathenden, tief nachdenkenden Verstandes. Giebt es in der Wissenschaft Genies, so war Kant sicherlich eines der größten. Aber seine ganze Weise, zu empfinden, zu denken, zu leben, mit einem Wort seine ganze Geiseseigenthümlichkeit hat gar Nichts, das sonst die Genies auszeichnet oder hervorhebt. Seine philosophische Arbeit ist so geregelt wie jeder Tag seines Daseins. Nichts wird in ungestümer Eile vorausgenommen und wie eine Offenbarung verkündet; nichts wird voreilig geboren und darum verfrüht. Eine Menge von Problemen, Fragen und Untersuchungen aller Art drängen sich auf, sie werden geordnet und eine nach der andern bearbeitet, aber keine dieser Arbeiten kostet dem haushälterischen Denker mehr Zeit, als ihr gebührt, nach dem Maß ihrer Bedeutung und der andern

wissenschaftlichen Pläne, mit denen er sich noch trägt. Auch in
seinen philosophischen Untersuchungen ist Kant ein großer
Oekonom. Jede wird genau und gründlich geführt, aber
sie ist nicht umfangreicher, nicht kostspieliger, was Zeit und
Mühe betrifft, als sie sein darf. Jede hat ihr richtiges Maß
und ihren richtigen Zeitpunkt.

8. Uebereinstimmung zwischen Philosophie und Charakter.

Man hat Kant in seinem philosophischen Werke öfters
mit einem Kaufmann verglichen, der bei allem Großhandel,
den er treibt, sein Vermögen pünktlich berechnet, die Grenze
seiner Zahlungsfähigkeit genau kennt, diese Grenze nie über-
schreitet. So hat er das Vermögen der menschlichen Erkenntniß mit der größten Gewissenhaftigkeit, so genau er konnte,
untersucht, und dürfen die Kenntnisse, die man erwirbt, mit
Waaren verglichen werden, die man einhandelt, so hat Kant
die ächten Waaren von den unächten gesondert, um als ehr-
licher Mann keine Scheinwaaren zu verhandeln. Er hat den
Vermögensstand der Philosophie festgestellt, in dem, was sie
in Wahrheit besitzt, was sie noch zu erwerben vermag, was
erworben zu haben und zu besitzen dieselbe sich und Andern
trügerischer Weise einbildet. Man darf diesen Vergleich von
der Philosophie Kant's auf dessen Persönlichkeit ausdehnen.
Auch sein Charakter hat etwas von dem ehrenwerthen Kaufmann, und selbst seine Freundschaftsverhältnisse zeugen für
diese von ihm selbst empfundene Verwandtschaft. Durchaus unverblendet und nüchtern, von einfacher unzerstörbarer
Tüchtigkeit, der im Innersten Alles Scheinwesen fremd ist,
die sich instinctartig dem Rechten zuwendet, — gehörte Kant
zu den Wenigen, denen mitten in einer Welt, die zum
größtentheil vom Scheine lebt, der Schein nichts an-
hat. Daher unter seinen Charakterzügen der mächtigste und
größte, der alle übrigen in sich schließt, jener solide Wahrheitssinn ist, den vor allem die Wissenschaft braucht, den sie
aber unter den mächtigen Täuschungen der Welt nur sehr

selten in jener Stärke und Reinheit empfängt, der es ge=
lingt, die Nebel zu vertreiben. Denn es gehört zum Wahr=
heitssinn mehr, als nur der Wunsch, ihn zu haben. Den
ehrlichen Wunsch und selbst die gute Ueberzeugung ihrer
Wahrheitsliebe haben Viele, während ihre Augen voll Schein
und ihre Köpfe voll Einbildungen sind, die sie vollkommen
unfähig machen für wahre Begriffe. In Kant war jener
Sinn ursprünglich und von Natur mächtig, er bildete den
Kern und Mittelpunkt seines ganzen Charakters. Das Schein=
wesen, die Selbsttäuschung, die thörichten Einbildungen, diese
schlimmsten Feinde der Wahrheit, haben ihn niemals ver=
blendet. Und die größten Beförderer der Wahrheit, der beharr=
liche Fleiß, die unermüdliche Anstrengung, die fortwährende
Selbstprüfung, haben ihn niemals verlassen. Diese Wahr=
heitsliebe ist im Sittlichen die Gerechtigkeitsliebe. Ihm ging
das gerechte Urtheil über Alles, im Leben wie in der Wissen=
schaft; er wollte richtig und gründlich urtheilen, ohne allen
rhetorischen Schein, ohne alle blendende Wortkünste. Er
mochte in der Redekunst die Satire leiden mit ihrem scharfen,
rücksichtslosen, die Dinge entblößenden Urtheile, aber nicht
die Rhetorik, die dem Witz, der Antithese, der beredtsamen
und effectvollen Wendung zu Liebe die Wahrheit und Richtig=
keit der Sache opfert. Lessing's echte Wahrheitsliebe gefiel
sich bisweilen in Paradoxen, um mit dem gewagten Wider=
spruch die Sache auf eine unerwartete Probe zu stellen, auch
wohl um ein überraschendes Schlaglicht darauf zu werfen.
Kant war darin strenger; er wollte auch nicht überraschen,
sondern immer überzeugen. Und ganz dieser pünktlich ge=
rechten Denkweise gemäß war seine Schreibart, niemals
blendend, stets gründlich und deshalb, was bei Lessing der
Fall nie war, oft schwerfällig. Um völlig gerecht zu sein,
mußte Alles zur Sache Gehörige auch ausgedrückt werden.
So wurde die Last eines Satzes oft groß, manches mußte
in Parenthesen verpackt werden, um noch in dem einen Satze
mit fortzukommen. Solche kantische Perioden schreiten schwer=

fällig einher, wie Lastwagen, sie müssen gelesen und wieder
gelesen, die eingewickelten Sätze müssen auseinandergenommen,
mit einem Worte die ganze Periode muß förmlich ausgepackt
werden, wenn man sie gründlich verstehen will. Diese stilistische
Schwerfälligkeit ist nicht eigentlich Unbeholfenheit, denn Kant
vermochte auch leicht und fließend zu schreiben, wenn es der
Gegenstand erlaubte: es ist die Gründlichkeit und Wahrheitsliebe des gewissenhaften Denkers, der in seinem Urtheile nichts
zurückhalten will, was zu dessen Vollständigkeit gehört.

So vereinigen sich alle Charakterzüge Kant's, denen wir
absichtlich bis in ihre geringfügigen Aeußerungen nachgegangen
sind, zu einer seltenen und wahrhaft classischen Ueberein-
stimmung: der tiefe Denker und der einfache schlichte Mensch!
Ueberall pünktlich und genau, sparsam im Kleinen, und wo
es noth thut bis zur Aufopferung freigebig, stets überlegt,
völlig unabhängig in seinem Urtheil, und immer die Rechtschaffenheit, Redlichkeit und Pflichttreue selbst: so ist Kant im
besten Sinne des Worts ein bürgerlich deutscher Mann jener
soliden Zeit, von der unsere Großväter uns erzählt haben,
ist er für uns eine ebenso vorbildliche und bewunderungs-
würdige als wohlthuende und heimliche Erscheinung.

Das Problem der menschlichen Erkenntniß als die erste Frage der Philosophie.

Eine Wissenschaft, die, so lange ihr Name besteht, den Anspruch nicht aufgegeben hat, Erkenntniß im höchsten Sinne zu sein, ohne alle Nebenzwecke, muß offenbar das Erkennen selbst als ihre höchste und einzige Aufgabe betrachten. Aber darin, muß ich mir einwenden, unterscheidet sich die Philosophie kaum von einer andern Wissenschaft. Denn jede Wissenschaft, die im Ernst diesen Namen verdient, sucht Wahrheit. Die Lösung jeder wissenschaftlichen Aufgabe ist eine Erkenntniß. Die Philosophie für die einzige Erkenntniß ausgeben, das wäre eine Anmaßung, mit der ich nicht enden möchte, viel weniger anfangen.

Darum ist die erste Frage, die ich aufwerfen muß: was ist überhaupt Philosophie? Oder mit andern Worten: worin unterscheidet sich die Philosophie von allen andern Wissenschaften, so viele deren sind? Es gab eine Zeit, wo neben ihr kaum eine andere Wissenschaft vorhanden war. In jenem Zeitalter, dem ersten ihrer Geschichte, war es nicht nöthig, daß sie sich mit den anderen Wissenschaften auseinandersetzte; es war begreiflich, daß damals die Frage nicht aufkommen konnte, worin sich die Philosophie von den anderen Wissenschaften unterscheide?

Ganz anders, als im griechischen Alterthum, verhält es sich mit der Stellung der Philosophie in den neueren Zeiten, namentlich in der unsrigen. Die Philosophie ist die Mutter vieler Wissenschaften geworden. Diese Kinder sind mündig erklärt; sie führen ihren eigenen Haushalt, den sie von der

Mutter nicht beaufsichtigen lassen, mit ihr nicht theilen wollen, auch nicht können. Es könnte der Fall sein, daß diese mündigen und selbstständigen Kinder alles mütterliche Vermögen be= sitzen, nach eigenem Gutdünken verwalten, und der Mutter selbst nichts übrig bleibt. Da nun, wo es sich um das Mein und Dein der Wissenschaften handelt, die letzte Auskunft nicht von den Opfern kindlicher Liebe abhängen darf, so muß mit aller juristischen Strenge die Frage aufgeworfen werden, ob neben und unabhängig von den andern Wissenschaften die Philosophie noch einen ihr allein zugehörigen, unstreitigen Platz übrig behält?

Diese Frage ist in unseren Tagen wiederholt und mit vielem Geräusch von Seiten der nicht philosophischen Wissen= schaften verneint worden. Man darf hinzusetzen, mit einem gewissen Schein des Rechts. Und die öffentliche Stimme der Menge ist gerne bereit, dem Urtheile beizutreten, welches der Philosophie den Platz streitig macht. Sehr natürlich! Denn die Meisten können mit jeder der andern Wissenschaften wenigstens einen gewissen Begriff, eine Art Vorstellung ver= binden; mit der Philosophie verbinden sie keine. Es ist gut, daß wir den Ostracismus nicht mehr haben. Sollte heutzu= tage ein Scherbengericht über die Philosophie gehalten wer= den, ich würde ernstlich für deren Schicksal besorgt sein.

I. Die Stellung der Philosophie unter den Wissenschaften.

Ich erkläre die Streitfrage, bevor ich sie entscheide. Jede Wissenschaft hat es mit bestimmten Gegenständen zu thun, deren Erkenntniß sie ist oder zu sein sucht. Jede hat in dem Universum der Dinge gleichsam ihre Provinz. Jede dieser Provinzen bildet den Gesichtskreis einer Wissenschaft. Es ist unmöglich, daß zwei verschiedene Wissenschaften denselben Gesichtskreis haben. Wenn es sich z. B. um die Erkenntniß der Gesetze handelt, wonach sich die Körper bewegen, so ist

diese Wissenschaft allein die Mechanik. Wenn die Zusammen-
setzungen der Körper und deren Verbindungen erkannt werden
sollen, so ist diese Wissenschaft allein die Chemie. Ein anderes
Gebiet haben die Naturwissenschaften, ein anderes die Ge-
schichtswissenschaften, ein anderes die Theologie. Die rechts-
kräftige Existenz einer Wissenschaft liegt darin, daß sie ein
deutlich bezeichnetes, wohlunterschiedenes Gebiet hat, ein Gebiet, das Jeder anerkennt, Keiner streitig macht. Wenn sie
ein solches Gebiet nicht hat, so ist ihre Existenz bedenklich.

Setzen wir den Fall, daß alle wirklichen Gebiete vollkommen und ohne Rest unter die nicht philosophischen Wissenschaften getheilt sind, so ist die Philosophie eine Wissenschaft ohne Land, oder ihr Gebiet ist ein imaginäres, was
so gut ist als keines; so hört sie auf, Wissenschaft zu sein oder
als solche zu gelten.

Unter den wirklichen Gebieten verstehen wir die mannigfaltigen Erscheinungen der Welt, die anschaulichen Gegenstände, mit einem Worte die gegebenen Thatsachen, die Vor-
gänge unseres äußeren und inneren Lebens. Die wissenschaftliche Erforschung dieser Gebiete geschieht durch Beobachtung
und Erfahrung; die Gesetze, die hier gelten, können nur entdeckt
werden durch eine genaue und gründliche Untersuchung der
Thatsachen. Ich nenne die Wissenschaften, deren Gegenstände
die wirklichen Dinge, die Thatsachen der Erfahrung sind,
Erfahrungswissenschaften oder empirische. Ich nenne
die Wissenschaften exact, sofern sie fähig sind, bestimmte
Thatsachen vollständig und genau zu erklären. Empirische
Wissenschaften sind die physikalischen und historischen mit allen
ihren Zweigen. Eine exacte Wissenschaft im Sinne der höchsten
Evidenz, der vollständigen Klarheit ist die Mathematik.

Wenn ich nun Alles zusammenfasse, was die Reiche der
Natur und Geschichte in sich begreifen, so wüßte ich außer
ihnen kein einziges in der Wirklichkeit gelegenes, also im
strengen Sinne wissenschaftliches Gebiet.

Was also bleibt der Philosophie übrig? Nach dem

Entscheidungsgrundsatz, den wir aufgestellt haben, müssen wir urtheilen: entweder sie ist eine unter den empirischen und exacten Wissenschaften, oder sie ist überhaupt keine Wissenschaft. Aber von jenen Wissenschaften sind die Plätze sämmtlich besetzt, hier ist kein Raum für die Philosophie. Die Welt ist unter jene Wissenschaften bereits vollkommen getheilt. So erscheint, um im Bilde zu reden, die Philosophie unter den vorhandenen Wissenschaften, wie der Poet nach der Theilung der Welt. Nur daß ihr, die den Namen Weltweisheit verdienen will, nicht wie jenem erlaubt ist, sich mit dem Himmel zu entschuldigen. Sie würde auch dort zu spät kommen. Die Wissenschaften haben die Welt unter sich getheilt; das Asyl bei den Göttern hat die Dichtung erhalten: wo bleibt die Philosophie?

II. Das Object der Philosophie.

Wenn die Philosophie den Rechtsanspruch haben will auf den Rang einer Wissenschaft, so muß ihr ein wirkliches Gebiet zugehören, von den andern Wissenschaften sämmtlich anerkannt, von keiner streitig gemacht. Es muß dieses Gebiet der Art sein, daß keine der andern Wissenschaften darauf Anspruch macht, keine darauf Anspruch machen kann und darf, und doch jede ohne Ausnahme anerkennen muß, dieses Gebiet sei eben so wirklich, eben so thatsächlich, als ihre eigenen. Giebt es ein solches Gebiet? Giebt es ein Gebiet, das ohne allen Zweifel in die Wirklichkeit gehört, ohne unter die Erfahrungswissenschaften der Natur und Geschichte zu fallen; ohne daß auch nur die Aussicht offen steht, es könnte jemals unter ihre Botmäßigkeit kommen, etwa wie ein Land durch einen Erbschaftsvertrag, wenn seine Dynastie erlischt, an eine andere übergeht? Es ist deutlich zu sehen, daß sich an diesem Punkte entscheiden muß, was ich die Lebensfrage der Philosophie genannt habe.

Unter den wissenschaftlichen Stimmen, die außer den Erfahrungswissenschaften keine andern dulden wollen, und

darum der Philosophie jede rechtmäßige und wohlbegründete
Existenz absprechen, macht gegenwärtig eine besondere Klasse
von Naturforschern das meiste Geräusch. Wenn es nach ihnen
ginge, so wäre die Physik die einzige Wissenschaft, die mit
Recht diesen Namen verdient. Was erklärt uns der Physiker?
Die Naturerscheinungen will er erklären und nichts als diese.
Er will uns die Natur und Eigenschaften der Körper darthun,
aus welchen Stoffen sie bestehen, welche Kräfte sie haben,
aus welchen Ursachen sie sich verändern, welche Wirkungen
sie ausüben. Er wird nichts erklären, als was er beobachtet
und wahrnimmt. Was er wahrnimmt, sind einzelne sinn=
liche Eindrücke und nur diese; was er nicht wahrnimmt, nie=
mals wahrnehmen kann, ist deren Zusammenhang, deren noth=
wendige Verbindung. Aber eine Begebenheit oder Erscheinung
physikalisch erklären heißt, die natürlichen Ursachen darthun,
aus denen sie folgt, heißt also diese Begebenheit begreifen
in ihrer nothwendigen Verknüpfung mit andern Naturer=
scheinungen. Ohne den Begriff einer solchen nothwendigen
Verknüpfung, ohne den Begriff also von Ding und Eigen=
schaft, Ursache und Wirkung, Kraft und Aeußerung u. s. f. giebt
es keine physikalische Erklärung. Und diese Begriffe selbst,
was sind sie? Was ist Ursache und Wirkung, Kraft und
Aeußerung? Was erwiedert der Physiker auf diese unsere
Frage? Daß jene Begriffe die nothwendigen Bedingungen,
gleichsam Organe seiner Erklärung sind, keineswegs deren
Gegenstände. Er hat Recht. Aber wir erfahren bei dieser
Gelegenheit, daß es Etwas giebt, das uns der Physiker nicht
erklärt, auf seinem Standpunkte weder erklären kann noch will:
das sind die Begriffe, ohne welche weder Erfahrung noch Er=
kenntniß der Dinge möglich ist. Die Möglichkeit der Natur=
erscheinungen habe er erklärt, ich setze den Fall; was er mir
nicht erklärt hat, nicht erklären kann, ist die Möglichkeit
der Physik. Die Natur wird klar, aber die Physik ist dunkel!
       Und wie es mit dem Physiker ist, ebenso verhält es sich
mit dem Mathematiker. Er erklärt uns die Größen; was er

uns nicht erklärt, ist die Mathematik. Und wie mit Physik und Mathematik, ebenso verhält es sich mit allen übrigen Wissenschaften: sie erklären die Dinge, nicht die Erkenntniß der Dinge. Was sie erklären, sind die Gegenstände der Erfahrung, nicht die Erfahrung selbst.

Es ist begreiflicherweise unmöglich, daß auf dem Standpunkt, auf dem die Dinge erkannt werden, auch zugleich die Erkenntniß der Dinge erklärt werden kann; ebenso unmöglich, als daß unser Auge, indem es die Gegend betrachtet, zugleich sich selbst sieht.

Die Dinge und überhaupt die gegebenen Erscheinungen werden erklärt durch jene Wissenschaften, die sich empirische und exacte nennen. Aber eben durch diese Erklärung ist Etwas entstanden, das nicht erklärt ist: die empirischen und exacten Wissenschaften selbst. Die exacten Wissenschaften sind auch eine existirende Thatsache und keine der geringsten. Der Mathematiker ist nicht weniger thatsächlich als seine Figuren, der Physiker nicht weniger thatsächlich als die von ihm erklärte Naturerscheinung. Was thatsächlich ist, muß erklärt werden. Nun sind die exacten Wissenschaften selbst eine Thatsache, eine unerklärte, also eine zu erklärende. Es muß eine Wissenschaft geben, die sie erklärt. Diese Wissenschaft ist von den vorhandenen keine, vermag von diesen keine zu sein. Also es muß eine neue, von allen übrigen verschiedene, nicht weniger exacte Wissenschaft geben, deren Gegenstand die Thatsache der Erkenntniß selbst ist. Es ist mir gleichgiltig, welchen Namen sie führt, jedenfalls einen andern als die übrigen, von denen sie sich dem Gegenstande nach unterscheidet. Diese neue, nothwendige, ebenfalls exacte Wissenschaft ist die Philosophie.

Der Gegenstand des Auges sind die Gesichtserscheinungen, aber nicht das Sehen; der Gegenstand des Ohres sind die Töne, aber nicht das Hören. Es giebt eine Wissenschaft, deren Gegenstand das Sehen ist, die Optik; eine andere, deren Gegenstand das Hören ist, die Akustik. So wie sich die

Optik zum Sehen, die Akustik zum Hören verhält,
so verhält sich die Philosophie zum Erkennen. In
dem zusammengesetzten Mikroskop sind zwei Gläser, von denen
das eine den Gegenständen, das andere dem Auge sich zu=
wendet: jenes ist das Objectivglas, dieses das Ocularglas.
In dem Mikroskop der menschlichen Wissenschaft gleicht die
Betrachtung der Dinge dem Objectivglase, die Philosophie in
unserm Sinne dem Ocularglas. Sie ist nicht unmittelbar auf
die Dinge, sondern auf unsere Betrachtung der Dinge ge=
richtet.

Wenn ich mich erkennend blos auf die Dinge richte, so
beschreibt mein Standpunkt einen Horizont, in dem das Er=
kennen selbst nicht vorkommt. Wenn ich mich philosophisch
auf das Erkennen selbst richte, so beschreibt mein Standpunkt
einen Horizont, der mehr umfaßt als der vorige. Dies ist
nur möglich, wenn ich einen höhern Standpunkt als den
vorigen einnehme. Ich bin über den vorigen Standpunkt,
der nur die Dinge vor sich hatte, hinaus= und emporgestiegen;
ich habe ihn „transcendirt." Darum nennt sich dieser
zweite höhere Standpunkt „transcendental," und die Philo=
sophie, welche diesen Standpunkt einnimmt, „Transcendental=
Philosophie." Ich kann Eisenach aus zwei verschiedenen
Standpunkten betrachten, einem niedern von beschränkterem
Gesichtskreise und einem höhern, den ich auf der Wartburg
nehme. Von hier aus kann ich den frühern, unterhalb ge=
legenen Standpunkt selbst sehen und beurtheilen, was ich
nicht konnte, so lange ich ihn einnahm. In diesem Bilde zu
reden, wäre der transcendentale Standpunkt der Blick von
der Wartburg, der auf den frühern Gesichtspunkt herabsieht.
Und das Wort transcendental deutet sehr gut an, was die
Philosophie soll: sie soll steigen!

III. Die kritische Philosophie.

Wenn die Physik die Aufgabe hat, zu zeigen, unter welchen
Bedingungen die Naturerscheinungen möglich sind, so hat

die Philosophie die Aufgabe, zu zeigen, unter welchen Be=
dingungen die Thatsache der Physik und die Erkenntniß über=
haupt stattfindet. Das ist es, was ich „das Problem der
Erkenntniß" genannt habe. Es hat eine ebenso exacte Fassung,
es bedarf einer ebenso exacten Lösung als jedes physikalische,
jedes mathematische Problem. Und ich wüßte in der That
mir keinen denkbaren Einwand vorzustellen, der gegen die
Philosophie, wenn sie so gefaßt wird, sich erheben und die
Rechtmäßigkeit ihrer wissenschaftlichen Existenz in Zweifel
ziehen könnte.

Wenn es sich um die Möglichkeit der Erkenntniß handelt,
so kann zu dieser Frage die Philosophie ein dreifaches Ver=
hältniß einnehmen. Entweder die Möglichkeit der Erkennt=
niß wird vorausgesetzt als etwas, das in gutem Glauben
angenommen und darum nicht bewiesen wird; oder sie wird
in Abrede gestellt, und es wird bewiesen, daß sie nicht existirt;
oder endlich sie wird untersucht, und es wird bewiesen, nicht
blos daß, sondern auch wie sie stattfindet. Der erste Stand=
punkt verhält sich zu der fraglichen Sache dogmatisch, weil
er sie unbewiesen voraussetzt; der zweite skeptisch, weil er
sie widerlegt; der dritte kritisch, weil er sie untersucht und
beweist.

Alle Standpunkte, die in der Natur der Sache begründet
sind, müssen ausgebildet werden. Nur so ist eine gründliche
Lösung des Erkenntnißproblems möglich. Und die Geschichte
löst ihre Aufgaben gründlich. Sie hat alle drei Standpunkte
ausgebildet. Erst mußte die Erkenntniß versucht werden,
bevor sie bezweifelt und in Frage gestellt werden konnte;
sie mußte in Frage gestellt werden, bevor es möglich war,
diese Frage zu beantworten und zu lösen. Darum war
die Philosophie zuerst dogmatisch, dann skeptisch, zuletzt
kritisch. Der Philosoph, der sie kritisch gemacht hat, war
Kant. Er untersuchte die Möglichkeit der Erkenntniß, d. h.
die menschlichen Erkenntnißvermögen; den Inbegriff dieser
Vermögen oder Vernunftkräfte nannte er „die reine Ver=
nunft," und sein Hauptwerk hieß deren Kritik.

IV. Das Problem der kritischen Philosophie.

Es handelt sich hier um eine völlig exacte Untersuchung im strengsten Sinne des Worts. Exact ist die Erklärung einer Thatsache, die genaue und vollständige. Erklärt ist die Thatsache, wenn ihre nothwendigen Bedingungen dargethan sind, die wesentlichen Factoren, welche die Thatsache machen. Genau dieses Verfahren befolgt der Physiker, der Historiker. Dasselbe Verfahren beobachtet der Philosoph, indem er die Thatsache der Erkenntniß untersucht. Er will die nothwendigen Bedingungen dieser Thatsache ergründen. Seine Frage heißt: wie ist die Thatsache der Erkenntniß möglich?

Diese Frage schließt eine andere in sich, die zuvor aufgestellt und erledigt sein will. Wenn gefragt wird, wie die Thatsache der Erkenntniß möglich ist, so setzt man voraus, daß die Erkenntniß wirklich eine Thatsache ist. Aber dieser Punkt ist keineswegs so unbedenklich, daß er nicht könnte von irgend jemand in Anspruch genommen werden. Man könnte sagen: die Erkenntniß oder was man so nennt ist keineswegs eine Thatsache; sie findet in Wahrheit gar nicht statt, sie existirt nicht in der Wirklichkeit, sondern in der Einbildung, sie ist nichts Reales, sondern etwas Imaginäres; die Sache bei Licht besehen, so giebt es überhaupt keine Erkenntniß, kein wirkliches Wissen, und was dafür man ausgiebt, ist nichts als eine menschliche Selbsttäuschung. Dieser Einwand wäre denkbar. Er ist mehr als dies, er ist in der That zu wiederholtenmalen gemacht worden und allemal von sehr scharfsinnigen Denkern. Zu allen Zeiten haben sich die Skeptiker gerade darum bemüht, den Beweis zu führen, daß wirkliche Erkenntniß nirgends stattfinde, sondern nur eingebildete. Wie es optische und akustische Täuschungen gebe, so gebe es auch logische; es gebe Täuschungen unseres Verstandes, und zu diesen zähle die Erkenntniß.

Bevor wir also die Möglichkeit der Erkenntniß untersuchen, müssen wir vor Allem ihre Thatsächlichkeit feststellen. Sonst müßten wir befürchten, große Anstrengungen gemacht und zuletzt nichts erklärt zu haben als eine Chimäre. In diesem Punkt halten wir es, aber auch nur in diesem, mit dem Patriarchen im Nathan: wir wollen den Fall nicht eher beurtheilen, als wir sicher sind, daß er nicht blos unter die Problemata gehört, sondern sich in unserer guten Stadt Jeru= salem wirklich ereignet.

Also lautet die erste Frage: giebt es eine Erkennt= niß? Und die zweite: wie ist sie möglich?

Aber auch die erste Frage, etwas näher beleuchtet, schließt noch eine andere in sich, die zuvor gestellt und beantwortet sein will. Ich setze den Fall, es werde die Frage an mich gerichtet, ob es unter den Bewegungen, welche die Körper in der Natur beschreiben, elliptische und parabolische Linien gebe? Ich bin außer Stande, diese Frage zu beantworten, wenn ich nicht weiß, was Ellipse, was Parabel ist? Ich muß die geometrischen Eigenthümlichkeiten dieser Linien kennen, bevor ich überhaupt urtheilen kann, ob sie in Wirklichkeit vorkommen oder nicht. Wenn ich die Eigenthümlichkeit der schwarzen Farbe nicht kenne, so kann ich nicht sagen, ob es Neger giebt. Wenn ich nicht weiß, was Erkenntniß ist, so kann ich nicht urtheilen, ob sie unter den Thatsachen der Wirk= lichkeit sich findet.

Darum wird die erste Frage heißen müssen: was ist Erkenntniß? Und die zweite: ist die Erkenntniß fac= tisch? Und die dritte: wie ist dieses Factum möglich?

Wir vergleichen unser Verfahren mit dem juristischen. Es soll ein Fall aus dem Rechtsleben entschieden werden. So muß zuerst der Fall mit genauester Pünktlichkeit in seiner Thatsächlichkeit festgestellt werden, bevor er nach Rechts= gründen beurtheilt und entschieden werden kann. Erst wird der Fall constatirt, dann wird er aus Rechtsgründen be= urtheilt und entschieden oder deducirt. Wir haben es mit der Rechtsfrage der Erkenntniß zu thun. Um juristisch zu reden, wir wollen der Erkenntniß den Proceß machen. Das

Erste ist, daß der Proceß instruirt, das Zweite, daß er abgeur=
theilt wird. Wir instruiren den Proceß der Erkenntniß, in=
dem wir zeigen, worin ihr Fall besteht, und daß der Fall
vorliegt. Wir entscheiden diesen Proceß, indem wir ihre
Möglichkeit darthun, d. h. indem wir zeigen, kraft welches
Rechts die Erkenntniß stattfindet, oder indem wir dieselbe
deduciren.

V. Die Feststellung des Problems.

Es ist in der That die Kleinigkeit nicht, die es auf den
ersten Augenblick scheinen möchte, eine Thatsache zu con=
statiren. Es gehört dazu in allen Fällen eine richtige, sach=
gemäße Beobachtung, ein sicheres, sachkundiges Urtheil des
Thatsächlichen, welches ohne Unterricht und wissenschaftliche
Geistesverfassung Keiner besitzt. Um z. B. eine historische That=
sache zu constatiren, d. h. genau festzustellen, was sich in einem
bestimmten Falle wirklich historisch begeben hat, dazu gehört
die ganze kritische Quellenkenntniß, die das Geschäft des Hi=
storikers ausmacht. Um einen Vorgang in der Körper=
welt zu constatiren, nämlich genau festzustellen, was hier ge=
schieht, dazu gehört nicht die erste beste Wahrnehmung, sondern
der unterrichtete Verstand des Physikers, der dem Nicht=
physiker fehlt. Die urkundige Beobachtung entstellt und ver=
fälscht die Thatsache, giebt sie unrichtig wieder; man kann von
ihr die richtige Darstellung nicht erwarten, aber man dürfte
erwarten, daß sie schweigt. Durch solche unkundige Auf=
fassung werden die Begriffe von dem, was sich begiebt oder
begeben hat, auf eine unglaubliche Weise verfälscht und ver=
dorben. Auf diesem Wege verbreiten sich in der Welt unab=
sichtlich die meisten Irrthümer. Erst muß man wissen, was
geschieht, bevor man überhaupt mit einiger Sicherheit unter=
suchen kann, warum es geschieht. In der Schwierigkeit, die
Thatsache festzustellen, liegen die meisten naturwissenschaft=
lichen und geschichtlichen Probleme. Es ist dogmatisch, eine
Thatsache auf guten Glauben anzunehmen. Es ist kritisch, vor

Allem zu fragen, wer die Thatsache wahrgenommen und festgestellt hat. Nicht bloß der Einsicht, auch der Gerechtig=
keit kommt eine solche Denkweise zu gut. Ich lasse mir ge=
fallen, daß sich in einer kindlichen Phantasie der Weidenbusch
in den Erlkönig verwandelt, aber daß in unserer vorgeschrit=
tenen Zeit, mitten in einer Welt, die den Bestrebungen der
Naturwissenschaft so viel dankt, so viel von deren Nutzen zu
sagen weiß, Körper, die sich durch fortgesetzten Druck me=
chanisch bewegen, sich in dämonische Tische verwandelt haben,
das ist ein unerwartetes und schlimm überraschendes Bei=
spiel gewesen, wie man Thatsachen constatirt, wenn man sie
nicht versteht.

Handelt es sich um einen Rechtsfall, so constatire diese
Thatsache Niemand als der Jurist. Handelt es sich um die
Thatsache der Erkenntniß, so sei es der Philosoph, der den
Fall constatirt; und dieser Fall ist der unsrige.

VI. Der Begriff der Erkenntniß.

Was also ist Erkenntniß? Worin besteht in seinen Ein=
zelnheiten der Vorgang, der die Erkenntniß ausmacht?
Offenbar wird in jeder Erkenntniß etwas vorgestellt. Er=
kenntniß ist Vorstellung. Aber mit der bloßen Vorstellung
von etwas ist die Sache noch nicht gethan. Was die Vor=
stellung ist, wird erst erkannt, indem wir sie von andern unter=
scheiden, durch ihre Merkmale bestimmen. Alles Erkennen ist
ein Verbinden oder Verknüpfen von Vorstellungen. Vorstel=
lungen verknüpfen heißt, die eine von der andern aussagen,
jene als Subject, diese als Prädicat setzen, d. h. urtheilen.
Erkenntniß ist Urtheil.

Aber nicht jedes Urtheil ist eine Erkenntniß. Es muß
ein bestimmter Charakter sein, der ein Urtheil zur Erkennt=
niß macht. Welches also sind die Erkenntnißurtheile?
Jedes Urtheil verknüpft zwei Vorstellungen als Subject und
Prädicat. Diese beiden Vorstellungen können sich auf doppelte
Art zu einander verhalten. Entweder sie sind gleich oder ver=

schieden. Entweder das Prädicat ist im Subject selbst ent=
halten oder nicht. In dem ersten Fall verhalten sich Subject
und Prädicat wie eine Vorstellung zu ihrem Merkmal; in dem
zweiten sind sie von einander verschieden. So ist z. B. in der
Vorstellung des Körpers das Merkmal der Ausdehnung ent=
halten, nicht das der Schwere. In dem mathematischen Körper,
dem Begriffe des Körpers blos als Größe betrachtet, ist
nichts enthalten von dem Merkmal der Kraft, der Gravi=
tation oder Schwere. Wenn mir nichts gegeben ist als die
Vorstellung des Körpers, so genügt dieses Datum, um zu
urtheilen: der Körper ist ausgedehnt; es genügt nicht, um
zu urtheilen: der Körper ist schwer.

Um zu urtheilen, der Körper ist ausgedehnt, brauche
ich blos die Vorstellung des Körpers in ihre Merkmale auf=
zulösen, um unter diesen das der Ausdehnung zu finden. Ich
brauche diese Vorstellung nur zu zergliedern oder zu ana=
lysiren. Das Urtheil ist mithin analytisch. Um zu urtheilen,
der Körper ist schwer, muß ich den Druck des Körpers erfahren
haben, die Wirkung, welche der Körper auf einen andern
ausübt, die Wirkung, die er selbst von einem andern Körper
erleidet. Von dieser Wirkung ist nichts enthalten in der bloßen
Vorstellung des Körpers. Aus der Vorstellung von A ent=
nehme ich keineswegs die Wirkung, die A auf B ausübt oder
von B erfährt. Das Urtheil also, der Körper ist schwer, ist
kein analytisches. In diesem Urtheile wird nicht ein und
dieselbe Vorstellung analysirt, sondern verschiedene Vorstel=
lungen werden verbunden oder synthesirt. Das Urtheil ist
mithin synthetisch.

Alle Urtheile sind entweder analytisch oder synthetisch.
Die analytischen Urtheile erweitern meine Vorstellung nicht,
sie erläutern sie blos. Die synthetischen Urtheile erweitern
meine Vorstellung, indem sie verschiedene verknüpfen. Jene
Urtheile sind Erläuterungs=, diese Erweiterungsur=
theile. Nun kann offenbar alle unsere Erkenntniß nur darin
bestehen, daß sich unser Gesichtskreis erweitert, daß wir den

Zusammenhang der Dinge begreifen, also verschiedene That=
sachen, verschiedene Vorstellungen verknüpfen. Wirkliche Er=
kenntniß kann darum nur in synthetischen Urtheilen bestehen.

Indessen ist unsere Erklärung noch nicht vollendet. Jede
Erkenntniß ist ein synthetisches Urtheil. Aber nicht jedes
synthetische Urtheil ist eine Erkenntniß. Es seien uns ver=
schiedene Vorstellungen gegeben, A und B. Diese Vorstellungen
seien verknüpft in dem Urtheile, A ist B. Aber diese Verbin=
dung sei eine solche, die nur zufällig stattfindet und eben so
gut nicht stattfinden könnte. Sie sei eine solche, die nur in
diesem, keineswegs in allen Fällen ohne Ausnahme sich vor=
findet. Sie sei zufällig und vereinzelt, nicht nothwendig und
allgemein. Aber Erkenntniß soll doch wohl ein wahres Ur=
theil sein. Was ist Wahrheit, wenn sie nicht ohne Ausnahme
in allen Fällen gilt? Wenn nicht in alle Ewigkeit die Winkel
eines Dreiecks gleich zwei Rechten sind, so steht es schlimm
um diese mathematische Wahrheit! Ein wahrer Satz ist noth=
wendig und allgemein. Darum ist Erkenntniß ein synthe=
tisches Urtheil, das allgemein und nothwendig gilt.

Der Charakter der Allgemeinheit sagt, daß sich die
Sache in allen Fällen so und nicht anders verhält. Der Cha=
rakter der Nothwendigkeit sagt, daß unmöglich jemals das
Gegentheil von dem stattfinden könne, das der Satz behauptet.

Die Erfahrung kennt immer nur einzelne Fälle. Je
mehr Fälle sie kennt, um so reicher ist die Erfahrung. Keine
Erfahrung kann alle Fälle in sich begreifen. Wenigstens
kann sie niemals eine Bürgschaft haben, daß die ihr bekannten
Fälle alle vorhanden sind. Darum kann auch niemals ein
blos aus der Erfahrung geschöpftes Urtheil den Charakter
der Allgemeinheit und Nothwendigkeit haben. Oder mit
andern Worten: Allgemeinheit und Nothwendigkeit können
nie durch Erfahrung gegeben sein. Was nur durch Erfahrung
gegeben ist, das empfange ich von Außen, das ist, wie die
philosophische Kunstsprache sagt, „aposteriori," weil es aus
der Wahrnehmung folgt. Was durch Erfahrung nicht ge=

geben ist, das kann auch nie aus der Erfahrung folgen,
das muß, wenn es überhaupt ist, unabhängig von aller Er=
fahrung vor derselben gegeben sein, das ist, wie die philo=
sophische Kunstsprache sagt, „apriori," weil es der Erfahrung
vorausgeht.

Allgemeinheit und Nothwendigkeit sind mithin apriori.
Nun ist Erkenntniß ein Urtheil, welches eine nothwendige
Verknüpfung verschiedener Vorstellungen ausdrückt. Als
Verknüpfung verschiedener Vorstellungen ist das Urtheil
synthetisch. Als nothwendige Verknüpfung ist es apriori.
Kurz gesagt: alle wirkliche Erkenntniß besteht in
synthetischen Urtheilen apriori. Dies ist unsere Ant=
wort auf die Frage, was ist Erkenntniß?

VII. Die Thatsache der Erkenntniß.

Die zweite Frage hieß: giebt es Erkenntniß? Ist die
Erkenntniß Thatsache? Diese Frage, in die gefundene For=
mel übersetzt, lautet: giebt es synthetische Urtheile apriori?

Die Gegenstände aller denkbaren Erkenntniß sind entweder
sinnlich oder übersinnlich. Die Erkenntniß des Sinnlichen ist
Mathematik und Physik; die des Uebersinnlichen ist Er=
kenntniß vom Wesen der Dinge, Ontologie oder im engeren
Sinne Metaphysik. Mathematik, Physik, Metaphysik sind
thatsächliche Wissenschaften. Es ist daher gleich, ob ich frage:
ist die Erkenntniß Thatsache, oder sind die thatsächlichen
Wissenschaften wirklich Erkenntniß in dem von uns ausge=
machten Verstande? Enthalten jene thatsächlichen Wissen=
schaften der Mathematik, Physik, Metaphysik synthetische Ur=
theile apriori? Wir beantworten die Frage, indem wir die
Sätze dieser Wissenschaften auf die Probe stellen, ob sie den
Bedingungen der Erkenntnißurtheile entsprechen oder nicht?

Es giebt einen geometrischen Satz, welcher erklärt: die
gerade Linie ist der kürzeste Weg zwischen zwei
Punkten. Man braucht diesen Satz nur auszusprechen, um
mit der vollkommensten Klarheit einzusehen, daß er in allen

Fällen gilt, daß ſein Gegentheil unmöglich iſt, daß die gerade
Linie in alle Ewigkeit dieſen kürzeſten Weg ausmacht. Es
wird Niemand einfallen, zu ſagen, man müſſe mit dem Satze
behutſam ſein, man habe noch nicht genug Erfahrungen ge=
macht, um den Satz für alle Fälle zu behaupten; es könnte
doch kommen, daß einmal die krumme Linie zwiſchen zwei
Punkten der kürzere Weg ſei. Denn daß in der menſchlichen
Welt krumme Wege manchmal ſchneller zum Ziel führen, gilt
hoffentlich als keine Inſtanz gegen dieſe geometriſche Wahr=
heit. Der geometriſche Satz gilt unabhängig von aller Er=
fahrung; wir wiſſen von vornherein, daß er in aller Er=
fahrung ſich bewähren wird. Der Satz iſt mithin eine Er=
kenntniß apriori. Und die mathematiſchen Wahrheiten über=
haupt wären nicht ewige Wahrheiten, wenn ſie nicht apriori
wären. Iſt der Satz analytiſch oder ſynthetiſch? In dem
Begriff einer geraden Linie, wenn wir denſelben auch noch ſo
genau zergliedern, iſt die Vorſtellung des kürzeſten Weges
nicht enthalten. Eine andere Vorſtellung iſt gerade, eine
andere kurz. Wie alſo kommen wir von der erſten zur zwei=
ten, ſo daß wir beide nothwendig verknüpfen? Wir müſſen
die gerade Linie ziehen, den Weg von einem Punkt zum
andern in unſerer Anſchauung durchlaufen, um vollkommen
ſicher zu ſein, daß es zwiſchen zwei Punkten nur eine gerade
Linie giebt, daß dieſe kürzer iſt als jede andere mögliche
Verbindung. Wir müſſen die Linie conſtruiren, d. h. ihren
Begriff in Anſchauung verwandeln, ihren Begriff mit der
Anſchauung verbinden, dem Begriff die Anſchauung hinzu=
fügen. Das Urtheil iſt mithin ſynthetiſch. Es iſt ein ſyn=
thetiſches Urtheil apriori.

Es ſei der arithmetiſche Satz 7 + 5 = 12. Es iſt un=
denkbar, daß die Summe von ſieben und fünf jemals eine
andere Zahl ſei als zwölf. Der Satz iſt ſchlechterdings noth=
wendig und allgemein. Er iſt ein Urtheil apriori. Iſt dieſes
Urtheil analytiſch oder ſynthetiſch? Es wäre analytiſch, wenn
in der Vorſtellung 7 + 5 als Merkmal 12 enthalten wäre,

so daß ohne weiteres die Gleichung erhellt. Aber ohne wei=
teres erhellt sie nicht. Das Subject des Satzes (7 + 5) sagt:
summire die beiden Größen! Das Prädicat 12 sagt, daß
sie summirt sind. Das Subject ist eine Aufgabe, das Prä=
dicat ist deren Lösung. In der Aufgabe ist die Lösung nicht
ohne weiteres enthalten. Die vollzogene Summe ist in den
Summanden nicht schon gegeben, wie das Merkmal in der Vor=
stellung. Wäre dies der Fall, so wäre es nicht nöthig, zu
rechnen. Wir können in diesem Falle das Prädicat nicht aus
dem Subject schöpfen; wir müssen vielmehr dem letztern etwas
hinzufügen, um die Gleichung zu vollziehen: nämlich die
anschauliche Addition. Das Urtheil ist mithin synthetisch.
Es ist ein synthetisches Urtheil apriori.

Geometrie und Arithmetik, also die Mathematik über=
haupt, enthalten synthetische Urtheile apriori. Wie verhält
es sich mit der Physik? Die Physik beruht auf einem Satz,
ohne den sie nicht möglich wäre. Dieser Grundsatz aller Na=
turwissenschaft heißt: jede Veränderung in der Natur
hat ihre Ursache, d. h. mit andern Worten, sie ist eine
Begebenheit, die eine andere voraussetzt, auf die sie noth=
wendig folgt. Es kann dem Physiker nicht einfallen, diesen
Satz von der Erfahrung abhängig zu machen. Es kann ihm
nicht einfallen, zu sagen, er habe ihn aus der Erfahrung ge=
schöpft; sonst müßte er ihn durch die Erfahrung beweisen.
Und da die Erfahrung niemals alle Fälle umfaßt, so dürfte
er nicht sagen: alle Veränderung hat ihre Ursache. Er dürfte
diesen Satz nicht als Grundsatz aufstellen. Aber er stellt ihn als
Grundsatz auf. Er behauptet ihn mit der vollkommenen Ueber=
zeugung, daß niemals eine Veränderung in der Natur ein=
treten könne, die keine Ursache habe. Eine solche Verände=
rung würde die Möglichkeit aller Physik aufheben. Der Satz
ist apriori. Er sagt, daß zwei Begebenheiten nothwendig
zusammenhängen; daß die zweite der ersten nothwendig folgt.
Also ist der Satz synthetisch. Er ist ein synthetisches Ur=
theil apriori.

Mathematik und Physik, also überhaupt die Erkennt=
niß der sinnlichen Erscheinungen, bilden synthetische Urtheile
apriori. Wie verhält es sich mit der Ontologie oder Meta=
physik im engern Sinn? Sie ist oder will sein eine Erkenntniß
vom Wesen der Dinge. Aber das Wesen der Dinge, es heiße
nun Seele oder Welt oder Gott, ist niemals ein Gegenstand,
den ich sinnlich wahrnehme; es ist nicht sinnlich, sondern kann
nur gedacht werden; es ist nicht Sinnenobject, sondern Ge=
dankending. Von diesen Gedankenwesen behauptet die Meta=
physik, daß sie außer unserem Denken als reale Wesen existiren.
Ein Gedankending ist eine bloße Vorstellung, ein existirendes
Wesen ist mehr. Wenn wir von einer Vorstellung (gedachtem
Wesen) behaupten, daß sie existirt, so urtheilen wir synthetisch,
denn wir legen ihr ein Prädicat bei, das in der bloßen Vor=
stellung niemals als Merkmal enthalten sein kann. Es ist
etwas ganz anderes, ob ich etwas zu sein mir nur einbilde;
etwas ganz anderes, ob ich es in der That bin. Was in der
Vorstellung Riese ist, kann in der Wirklichkeit Windmühle sein.

Die Existenz nicht sinnlicher Dinge behaupten, heißt die
Existenz von Wesen behaupten, die nicht sinnlich wahrge=
nommen, sondern blos gedacht werden können. Was heißt
das anderes, als mit der Vorstellung die Existenz verbinden,
der Vorstellung die Existenz hinzufügen, mit einem Worte,
synthetisch urtheilen? Und es versteht sich von selbst, daß
die Urtheile, welche unsere Vernunft über das Wesen der
Seele, der Welt, Gottes ausgemacht haben will, die Geltung
nothwendiger und allgemeiner Wahrheiten in Anspruch
nehmen. Die Metaphysik urtheilt mithin sowohl synthetisch
als apriori; d. h. sie besteht in synthetischen Urtheilen
apriori.

Mathematik, Physik, Metaphysik enthalten demnach Er=
kenntnißurtheile im genauen Verstande des Worts. Solche
Urtheile sind mithin thatsächlich vorhanden in der Erkennt=
niß sowohl der sinnlichen als übersinnlichen Dinge, d. h. in
der Erkenntniß der Dinge überhaupt, in aller realen Erkennt=

niß. Damit ist die Frage nach dem Thatbestande der mensch=
lichen Wissenschaft gelöst, die „quaestio facti," um juristisch
zu reden.

Die erste Frage hieß: was ist Erkenntniß? Die be=
stimmte Antwort erklärt: sie besteht in synthetischen Urtheilen
apriori. Die zweite Frage hieß: giebt es Erkenntniß? Ist
die Erkenntniß Thatsache? Oder, was dasselbe heißt, ent=
halten die thatsächlichen Wissenschaften synthetische Urtheile
apriori? Die bestimmte Antwort lautet bejahend in Rück=
sicht der Mathematik, Physik, Metaphysik, d. h. in Rücksicht
sowohl der sinnlichen als übersinnlichen Erkenntniß.

Damit ist der Proceß der Erkenntniß instruirt und das
festgestellt, was ich das Problem derselben genannt habe.
Die Rechtsfrage bleibt übrig, die „quaestio juris," um ju=
ristisch zu reden. Sie heißt: wie ist Erkenntniß möglich?
Diese Frage, in die erklärende Formel übersetzt, lautet: wie
sind synthetische Urtheile apriori möglich? Oder die
Gesammtfrage in ihre Theile zerlegt: wie ist Mathematik,
Physik, Metaphysik möglich?

Genau in dieser Fassung steht das Erkenntnißproblem
an der Spitze der kritischen Philosophie. Dieses Problem
zu lösen, schrieb Kant die „Kritik der reinen Vernunft."
Ich hatte die Aufgabe, das Problem der Erkenntniß zu er=
klären. Darum endet mein Vortrag an eben dem Punkte,
wo die Lösung des Problems beginnt.

Raum und Zeit als die ersten Bedingungen der menschlichen Erkenntniß.

Der menschliche Geist findet in sich und außer sich eine Menge ihm gegebener Thatsachen. Sobald seine denkende Na= tur erwacht, wird es sein erstes Bedürfniß und darum seine erste Aufgabe, sich diese Thatsachen zu erklären. Wenn sie erklärt werden, so entsteht eben dadurch eine Wissenschaft der Thatsachen, eine Erkenntniß der Dinge, die sich nach den verschiedenen Gebieten der Welt in eben so viele Wissen= schaften spaltet. Aber darin stimmen diese Wissenschaften alle überein, daß sie die Thatsachen unserer Erfahrung erklären, also sämmtlich Erfahrungswissenschaften sind. Ist eine solche Wissenschaft wirklich zu Stande gekommen, so ist sie selbst Thatsache geworden, die eben so gut wie jede andere einer Er= klärung bedarf und eben deßhalb eine Erklärung fordert. Wie sind die Thatsachen möglich, die wir empfinden und wahr= nehmen? So frägt die Erfahrungswissenschaft. Wie ist die Thatsache der Erfahrungswissenschaft selbst möglich? So frägt die Philosophie. Und in eben dieser Frage be= stand, was ich in dem früheren Vortrage das Problem der menschlichen Erkenntniß genannt hatte.

Dieses Problem durfte nicht eher gelöst, die Thatsache der Erkenntniß nicht eher erklärt werden, als zwei Punkte vollkommen sicher waren. Denn die mindeste Unklarheit in der Frage erschwert nicht bloß, sondern verhindert in der That die Klarheit der Antwort. Wie kann ich die Thatsache der Erkenntniß erklären, wenn ich nicht gewiß bin, daß die Erkenntniß wirklich eine Thatsache ist? Wie kann ich von dem Dasein dieser Thatsache überzeugt sein, wenn ich nicht weiß, worin die Thatsache besteht, nicht die Merkmale kenne, die ihre Eigenthümlichkeit ausmachen? Ich muß wissen, was Elektricität ist, um zu wissen, daß sie im Blitz erscheint; ich muß beides wissen, bevor es möglich ist, die Thatsache des Blitzes zu erklären. So muß in jedem Fall die Thatsache gekannt und festgestellt sein, bevor sie erklärt wird. Und eben dies war die Aufgabe jenes früheren Vortrags gewesen, er sollte die Thatsache der menschlichen Erkenntniß kenntlich gemacht und festgestellt haben. Jetzt soll diese Thatsache er= klärt werden. Die ganze Untersuchung in Betreff der mensch= lichen Erkenntniß besteht in der Auflösung dieser drei Fragen: was ist Erkenntniß? Ist die Erkenntniß factisch? Wie ist dieses Factum möglich? Die beiden ersten Fragen waren beantwortet; die dritte bleibt übrig.

I. Die Principien der Unterscheidung.

Eine Thatsache erklären, welche es auch sei, heißt alle= mal, die Bedingungen darthun, unter denen sie stattfindet. Es handelt sich in dem vorliegenden Fall um die nothwendigen und ersten Bedingungen, ohne welche eine Erkenntniß der Dinge in uns niemals stattfinden könnte. Um eine Sache zu erkennen, dazu ist vor Allem nöthig, daß wir sie vor= stellen, nicht blos von ungefähr und oberflächlich, sondern deutlich und klar. Klar ist unsere Vorstellung, wenn sie von jeder andern genau unterschieden und eben dadurch bestimmt ist als diese Vorstellung und keine andere. Sie ist deutlich, wenn sie eben so genau unterschieden ist in allen ihren Merk= malen, allen ihren Theilen. Sie ist mithin beides, wenn wir Alles, das sich in Betreff der Vorstellung unterscheiden läßt, auch wirklich unterschieden haben. Ich muß darum erklären, daß die erste und oberste Bedingung alles Erkennens im deutlichen Vorstellen, und dieses im gründlichen Unterscheiden besteht. Es giebt ein Sprichwort, welches sagt, daß man gut lehrt, wenn man gut unterscheidet. Gut lehren läßt sich nur, was man klar und deutlich erkannt hat. So ist das richtige Unterscheiden die erste Bedingung und das erste Mittel des deutlichen Erkennens.

Es seien uns eine Menge von Vorstellungen verschiedener Art gegeben, die erkannt werden sollen. So müssen diese Vorstellungen zuerst gesondert, getrennt, unterschieden wer=den. Oder sie fließen bunt in einander, verwirren sich gegen=seitig und erzeugen so jenen unglücklichen Zustand der Con=fusion, der das äußerste Gegentheil der Einsicht bildet. Vor=stellungen nicht unterscheiden können, heißt confus sein. Ein confuser Kopf, dessen Vorstellungen sich durch einander wirren, gleicht einer Bibliothek, wo die Bücher bunt durch einander liegen und keines an seinem Platze steht. Man wird lange suchen müssen und oft fehlgreifen, bevor man in diesem Chaos das Buch findet, das man braucht. Plato hat in einem seiner tiefsinnigsten Gespräche diesen Zustand der Geistes=verwirrung mit einem sehr anschaulichen und wohlgetroffenen Bilde bezeichnet. Er vergleicht die Verworrenheit mit einem Taubenschlage, worin die Tauben wirr durcheinanderfliegen: man möchte die Kropstaube greifen und bekommt die Holz=taube in die Hand!

Soll überhaupt in dem menschlichen Geiste eine Erkennt=niß möglich sein, so dürfen die Vorstellungen in ihm kein Chaos bleiben, so muß dieses Chaos entwirrt und in allen seinen Theilen gesichtet und aufgeklärt werden. Um dieses Chaos zu entwirren, muß man die Vorstellungen trennen, von einander scheiden, jede für sich nehmen und für sich neben die andern hinstellen können. Ich muß neben einander stellen können, was ich von einander scheiden und unterscheiden soll. Um zu unterscheiden, muß man vergleichen. Um die Dinge zu vergleichen, muß man sie zusammen= oder neben=einander stellen. Diese Zusammenstellung, dieses Neben=einander ist die erste unterscheidende Ordnung: die Ord=nung der Coordination.   .

Indessen genügt diese Ordnung nicht allein zur vollen Unterscheidung. Wenn nun eine Menge von Vorstellungen

schon nicht mehr ineinander fließen, sondern nebeneinander
dastehen, so ist es doch unmöglich, mit einem Blick alle
diese Vorstellungen sogleich deutlich zu erkennen, jede einzelne
von den übrigen, die Merkmale und Theile jeder einzelnen
genau zu unterscheiden. Dazu gehört, daß ich von Theil
zu Theil, von Vorstellung zu Vorstellung fortgehe, erst A,
dann B, darauf C u. s. w. vorstelle. So entsteht eine Reihe
von Vorstellungen, deren Theile nacheinander folgen.
Diese Aufeinanderfolge, dieses Nacheinander ist die zweite
unterscheidende Ordnung: die Ordnung der Succession.

Die Vorstellungen bilden eine coordinirte Reihe, sie sind
nebeneinander, d. h. jede hat ihren bestimmten, von allen
übrigen unterschiedenen Ort. Die Vorstellungen bilden eine
successive Reihe, sie folgen nacheinander, d. h. jede hat ihre
bestimmte, von allen übrigen unterschiedene Dauer. Einen
bestimmten Ort haben heißt, im Raum sein; eine bestimmte
Dauer haben heißt, in der Zeit sein. Die Ordnung der
Coordination ist räumlich; die der Succession ist zeitlich.

Wir müssen demnach erklären: die erste und oberste Be=
dingung alles Erkennens ist das Unterscheiden; die ersten
und obersten Bedingungen alles Unterscheidens sind Raum
und Zeit.

Ohne Raum und Zeit wären unsere Vorstellungen ein
unentwirrbares Chaos, worin Nichts zu unterscheiden wäre.
In Raum und Zeit erscheint jede Vorstellung in einem be=
stimmten, ihr allein zugehörigen Punkt, und in diesem
Punkt, örtlich und zeitlich bestimmt, in diesem Hier und in
diesem Jetzt unterscheidet sie sich von allen übrigen der=
art, daß eine Verwechslung, eine Vermischung, eine Con=
fusion vollkommen unmöglich ist. Wenn zwei Dinge in der=
selben Zeit existiren, so sind sie doch durch den Raum ge=
trennt: sie sind zugleich da, aber in verschiedenen Orten.
Wenn zwei Dinge in demselben Orte sich finden, so sind sie
durch die Zeit geschieden; sie nehmen denselben Ort ein,
aber nicht zugleich, sondern nacheinander. So scheidet die

Zeit, was der Raum vereinigt, und ebenso scheidet der Raum, was die Zeit nicht scheidet.

Ohne Raum und Zeit wäre Nichts zu unterscheiden. In Raum und Zeit ist Alles zu unterscheiden. Und daß Alles unterschieden werden könne, daß es nichts „Indiscernibles" gebe: darin besteht die erste Bedingung, also die erste Möglichkeit der menschlichen Erkenntniß. Das wußte der große Leibniz sehr gut, da er sein „principium indiscernibilium" aufstellte, nämlich den Satz, daß in der Welt nicht zwei Dinge existiren dürfen, die nicht zu unterscheiden, oder, was dasselbe heißt, die vollkommen gleich wären. Als er die Ehre hatte, seine Philosophie der Königin von Preußen Sophie Charlotte vorzutragen, erregte dieser Satz einige Verwunderung. Die Damen der Königin sollen sich damals bemüht haben, im Schloßgarten von Charlottenburg zwei vollkommen gleiche Blätter zu finden, um damit den Satz Leibnizens zu widerlegen. Ich weiß nicht, ob sie die Blätter wirklich gefunden haben. Aber gesetzt, sie hätten dieselben gefunden, so wäre der Satz nicht widerlegt gewesen. Denn die beiden Blätter, wie gleich immerhin sie sein mochten, räumlich waren sie offenbar verschieden.

Raum und Zeit sind die ersten Bedingungen, also die Principien aller Unterscheidung. Was auch geschieht, wird diese bestimmte Begebenheit nur durch seinen Ort und seine Zeit. Das sind die ersten Kennzeichen, die wir allemal aufsuchen, wenn wir eine Sache deutlicher vorstellen, näher kennen lernen wollen.. Ist es ein Menschenleben, das unsere Aufmerksamkeit anzieht, so sind die ersten Fragen: wo und wann hat dieser Mensch gelebt? Das sind die ersten Fragen, welche sich die wissenschaftliche Forschung vorlegt, wenn sie sich ernsthaft mit den Schriftwerken der Vergangenheit beschäftigt: wo und wann sind sie geschrieben? Oft sehr schwierige Fragen, die sich mit allem kritischen Scharfsinn nicht auflösen lassen. Wer dieses Wo und Wann wüßte von den homerischen Gedichten, und zwar mit aller Sicherheit der

Einſicht, mit aller Genauigkeit der Beſtimmung! Aber man
weiß, wie unſicher und ungenau alle Urtheile bleiben, ſo lange
dieſe oberſten und erſten Punkte der Unterſcheidung entweder
dunkel oder ſchwankend ſind.

Raum und Zeit ſind die Principien alles Unterſcheidens.
Was ſind nun Raum und Zeit ſelbſt?

II. Urſprung von Raum und Zeit.

Dieſe Frage iſt von den tiefſten Denkern der Welt zu
verſchiedenen Zeiten unterſucht und verſchieden beantwortet
worden. Es iſt für die Eigenthümlichkeiten ihrer Denkweiſen
geradezu erleuchtend und darum im geſchichtlichen Sinn außer=
ordentlich lehrreich, dieſe verſchiedenen Antworten kennen zu
lernen. Indeſſen will ich an dieſem Orte nicht die Geſchichte
der Antwort, ſondern dieſe ſelbſt geben.

Daß wir die Vorſtellungen von Raum und Zeit haben,
iſt gewiß. Aber wie kommen wir zu dieſen Vorſtellungen?
Woher kommen ſie uns? Wir fragen zuerſt nach dem Ur=
ſprunge von Raum und Zeit. Ich beantworte die Frage
zunächſt ſo, wie ich ſie von den meiſten beantworten höre.
Wie ſollen wir zu den Vorſtellungen von Raum und
Zeit anders gelangen, als zu allen übrigen Vorſtellungen
und Begriffen? Die einzelnen Dinge nehmen wir wahr
durch ſinnliche Eindrücke. Ihre gemeinſchaftlichen Merkmale
faſſen wir zuſammen und bilden daraus einen gemeinſchaft=
lichen Begriff, den wir alſo aus der Erfahrung ſchöpfen, von
den einzelnen Dingen, den ſinnlichen Eindrücken abziehen.
So entſtehen überhaupt die abgezogenen oder abſtracten
Begriffe, wie man ſie nennt, und wie anders ſollten ſie
entſtehen? Nachdem wir ſo viele Menſchen im Einzelnen
wahrgenommen haben, finden wir leicht deren gemeinſchaft=
liche Merkmale zuſammen und bilden daraus den Geſammt=
oder Gattungsbegriff. Und auf eben dieſe Weiſe ſind Raum
und Zeit aus der Wahrnehmung geſchöpft, von ſinnlichen
Eindrücken abſtrahirt.

Das ist die Antwort, die jedermann zunächst einfällt, welche die sensualistische Philosophie der Engländer, Locke an der Spitze, gegeben hat, und die heutzutage alle soge= nannten Realisten und Materialisten nachsprechen, als ob sie das Selbstverständlichste von der Welt wäre. Die erste Antwort ist nicht immer die beste. Bevor ich mir diese Ant= wort gefallen lasse, die allerdings alle Schwierigkeiten mit großer Leichtigkeit hebt, erregt mir ein Punkt kein geringes Bedenken. Raum und Zeit sollen aus unserer Wahrnehmung geschöpft, von sinnlichen Eindrücken abstrahirt sein. Man wird fragen dürfen, vielmehr fragen müssen: sie sind geschöpft aus welcher Wahrnehmung? Sie sind abstrahirt von welchen Eindrücken?

Auf diese Frage ist keine andere Antwort denkbar als folgende. Wir nehmen die Dinge wahr, wie sie außer=. oder nebeneinander existiren, wie sie entweder zugleich da sind oder nacheinander folgen. Aus diesen Wahrnehmungen ab= strahiren wir, was ihnen gemeinschaftlich ist, den allgemeinen Begriff des Außer= oder Nebeneinander und nennen diesen Begriff Raum, den allgemeinen Begriff des Zugleich und Nacheinander, und nennen diesen Begriff Zeit. Und so bilden sich diese beiden Vorstellungen augenscheinlich wie alle andern abstracten Begriffe.

Diese Antwort hat mein Bedenken nicht gehoben, son= dern bestätigt. Wir nehmen die Dinge wahr, wie sie neben einander existiren. Was heißt denn neben einander existiren? Entweder heißt es gar nichts, oder es heißt, in verschie= denen Orten sein. Wir nehmen die Dinge wahr, wie sie entweder zugleich sind oder nacheinander folgen. Zugleich= sein kann nicht anderes heißen als in demselben Zeit= punkte sein; nacheinander folgen nichts anderes, als in ver= schiedenen Zeitpunkten sein. Also was nehmen wir wahr? Die Dinge, wie sie in verschiedenen Orten existiren, wie sie entweder in demselben oder in verschiedenen Zeitpunkten sind. In verschiedenen Orten existiren kann niemals etwas anderes

bedeuten, als im Raum sein; in demselben oder in verschie=
denen Zeitpunkten existiren kann niemals etwas anderes be=
deuten, als in der Zeit sein. Und nun übersetze ich mir
die gegebene Erklärung nach dem einzigen Sinn, den sie er=
laubt, in folgender Weise. Wir abstrahiren Raum und Zeit
aus unsern Wahrnehmungen. Nämlich wir nehmen die Dinge
wahr, wie sie in Raum und Zeit sind, und daraus abstra=
hiren wir Raum und Zeit. Mit andern Worten: wir ab=
strahiren Raum und Zeit von Raum und Zeit!

Dies ist das vollkommene Beispiel einer Erklärung, wie
sie nicht sein soll. Sie erklärt A durch A. Sie erklärt nicht,
sondern setzt voraus, was sie erklären sollte. Und so ist
diese Erklärung, diese Ableitung eben so leicht, als sie voll=
kommen nichtssagend ist. Raum und Zeit sind bereits voll=
kommen da, wo diese Erklärung erst die Merkmale sucht,
um daraus später die beiden Begriffe kunstgerecht zu bilden.
Raum und Zeit sind immer da. Es giebt keinen Eindruck,
keine Wahrnehmung, keine Vorstellung, die nicht in Raum
und Zeit wäre. Wir mögen es anstellen, wie wir wollen,
die beiden Vorstellungen begleiten uns überall; unsere wahr=
nehmende Vernunft geht ohne sie keinen Schritt, kann keinen
Schritt ohne sie gehen. Und darum ist jene Erklärung, die
sie aus der sinnlichen Wahrnehmung ableiten möchte, nicht
blos nichtssagend, sondern im Grunde beinahe komisch. Sie
bildet sich ein, sie hätte sie abgeleitet, also sie bildet sich ein,
sie hätte diese Vorstellungen vorher nicht gehabt, während
sie nur zu kurzsichtig war, um sie zu sehen. Man kann diese
Vorstellungen nie loswerden. Wer es versucht, dem geht es
wie dem Mann im Chamisso mit dem Zopf: „er dreht sich
rechts, er dreht sich links, der Zopf, der hängt ihm hinten!"

Also ist es unmöglich, Raum und Zeit aus unseren
Wahrnehmungen abzuleiten: eben deshalb, weil alle unsere
Wahrnehmungen nur möglich sind in Raum und Zeit. Also
sind diese beiden Vorstellungen nicht abgeleitet, können es
nicht sein. Mithin sind sie ursprüngliche Vorstellungen:

solche, die unsere Vernunft nicht von Außen empfängt, sondern durch sich selbst hat, die nicht aus der Erfahrung folgen, sondern ihr vorausgehen, nicht das Product der Erfahrung sind, sondern deren Bedingung.

III. Räume und Zeiten. Der unendliche Raum und die unendliche Zeit.

Ursprünglich also sind diese beiden Vorstellungen gewiß. Es giebt keine Vorstellung, keine Wahrnehmung in uns, die früher wäre als Raum und Zeit, die nicht in Raum und Zeit stattfände. Indessen ist damit noch nichts ausgemacht über die nähere Beschaffenheit der beiden ursprünglichen Vorstel= lungen. Raum und Zeit sind Größen, die ihrer Natur nach jede bestimmte Grenze überschreiten. Ich kann mir keinen größten Raum vorstellen, keinen solchen, der nicht von einem noch größeren umschlossen wäre. Eben so wenig kann ich mir einen kleinsten Raum vorstellen, einen solchen, in dem nicht ein noch kleinerer enthalten sein könnte. Es giebt also weder einen größten noch einen kleinsten Raum: jener kann immer noch vergrößert, dieser immer noch ver= kleinert werden. Dasselbe gilt von der Zeit. Jeder Zeit= punkt folgt auf einen andern, ein anderer folgt auf ihn. Es giebt mithin weder einen ersten Zeitpunkt, einen solchen, dem kein früherer vorausginge, noch einen letzten, einen solchen, dem kein späterer folgte. Raum und Zeit sind grenzen= los. Daß sie es sind, erfahren wir, sobald wir ihre Vor= stellung zu vollenden suchen. Wir sehen uns gezwungen, über jede Grenze hinauszugehen in's Endlose fort: „das Vorstellen erliegt diesem Fortgehen in's Unermeßlichferne, wo die fernste Welt immer noch eine fernere hat, die so weit zurückgeführte Vergangenheit noch eine weitere hinter sich, die noch so weit hinausgeführte Zukunft immer noch eine andere vor sich; der Gedanke erliegt dieser Vorstellung des Unermeßlichen, wie ein Traum, daß jemand einen langen

Gang immer weiter und unabsehbar weiter fortgehe ohne ein Ende abzusehen, mit Fallen oder mit Schwindel endet." Wenn wir das Unendliche durch Raum und Zeit ausmessen wollen, so kommen wir auf jene Haller'sche Beschreibung der Ewigkeit: „Ich häufe ungeheu're Zahlen, Gebirge Millionen auf, ich setze Zeit auf Zeit und Welt auf Welt zu Hauf, und wenn ich von der grausen Höh' mit Schwindeln wieder nach dir seh', ist alle Macht der Zahl, vermehrt zu tausend= malen, noch nicht ein Theil von dir."

Raum und Zeit als solche betrachtet, sind unbegrenzte Größen. Dagegen was wir sinnlich wahrnehmen, unsere Ein= drücke, die sinnlichen Dinge sind allemal in diesem bestimm= ten Raum, dieser bestimmten Zeit. Hier also sind Raum und Zeit begrenzt und nach ihren Grenzen verschieden. Wel= ches sind nun die ursprünglichen Vorstellungen: die be= grenzten oder unbegrenzten Größen von Raum und Zeit? Mit andern Worten: sind die ursprünglichen Vor= stellungen Raum und Zeit oder die verschiedenen Räume und Zeiten?

Wenn man die Frage nach dem Vorbilde anderer Be= griffe beurtheilt, so könnte man versucht sein zu meinen, die verschiedenen Räume und Zeiten seien unsere ursprüngliche Vorstellungen, Raum und Zeit die daraus abgeleiteten. So ist offenbar die Vorstellung der verschiedenen einzelnen Men= schen früher als der Gattungsbegriff Mensch, den wir bilden, indem wir die verschiedenen menschlichen Individuen ver= gleichen, ihre gemeinschaftlichen Merkmale absondern und in einer allgemeinen Vorstellung zusammenfassen. Wenn sich also die Räume zum Raum, die Zeiten zur Zeit verhalten, wie die Menschen zu ihrem Gattungsbegriff, so müssen die ver= schiedenen Räume und Zeiten als die ursprünglichen Vor= stellungen gelten.

Wie verhält sich der Gattungsbegriff Mensch zu den einzelnen Menschen? Er begreift diejenigen Merkmale in sich, die allen Menschen gemein sind. Aber die Menschen

sind nicht gleich, jeder ist durch so viele Eigenthümlichkeiten
von den andern verschieden; was er mit allen gemein hat,
ist nur ein Theil seiner Eigenschaften. Jede allgemeine Vor=
stellung ist ein Theil der einzelnen Vorstellung. Der Gattungs=
begriff Mensch verhält sich zu den einzelnen Menschen, wie
der Theil zum Ganzen. In allen Fällen ist der Gattungs=
begriff eine Theilvorstellung, die ganze Vorstellung ist die
des einzelnen Dinges. Man kann den Theil vom Ganzen nicht
absondern, wenn man das Ganze nicht hat. Man kann die
Theilvorstellung nicht bilden, wenn nicht die Vorstellung des
Ganzen schon vorliegt. Jener Satz, den die Weisen des Alter=
thums vom Staate im Verhältniß zu seinen Gliedern geltend
gemacht haben, gilt von allen unseren Vorstellungen: das
Ganze ist früher als die Theile.

Die ganze Vorstellung ist die ursprüngliche. Welches
also ist die ganze Vorstellung: Raum und Zeit oder Räume
und Zeiten? Auf diese Frage bietet sich die Antwort von
selbst. Jeder begrenzte Raum ist im Raum ein Theil des
Raumes, jede begrenzte Zeit ist in der Zeit ein Theil der
Zeit; die verschiedenen Räume und Zeiten sind Raum= und
Zeittheile, sie sind nichts weiter als diese Theile. Es ist
also klar, daß nicht Räume und Zeiten, sondern Raum und Zeit
die ganzen oder ursprünglichen Vorstellungen sind. Jeder
begrenzte Raum, wie groß oder klein er sei, ist eine Theil=
vorstellung; dasselbe gilt von der Zeit. Wenn aber jede
Begrenzung von Raum und Zeit nur als Theil vorgestellt
werden kann, so ist klar, daß der ganze Raum und die ganze
Zeit als unbegrenzt vorgestellt werden müssen. Die ur=
sprünglichen Vorstellungen sind demnach der unendliche Raum
und die unendliche Zeit.

Darin stimmen Raum und Zeit überein mit allen andern
Begriffen, daß die ganzen Vorstellungen die ursprünglichen
sind; darin unterscheiden sie sich von allen andern, daß in
diesem Fall der allgemeinste Begriff zugleich der reichste ist
und die ganze Vorstellung ausmacht. Der Raum begreift

alle Räume, die Zeit begreift alle Zeiten in sich, während sonst die Allgemeinbegriffe die Arten und Individuen nicht in sich, sondern unter sich befassen.

IV. Raum und Zeit als Anschauungen.

Es ist also gewiß, daß Raum und Zeit ursprüngliche Vorstellungen sind. Es ist ebenso gewiß, daß diese ursprüng= lichen Vorstellungen der ganze Raum und die ganze Zeit sind, d. h. beide als unendliche Größen. Aber Vorstellung ist ein Wort von weitem Umfang. Wir wissen noch nicht, was für Vorstellungen Raum und Zeit sind? Es giebt ver= schiedene Vorstellungsarten der menschlichen Vernunft, verschie= dene Klassen von Vorstellungen. Welches sind diese Klassen? In welche gehören Raum und Zeit?

Wir unterscheiden zwei solcher Klassen. Es kommt da= rauf an, was wir vorstellen. Das Vorgestellte kann ein ein= zelnes Object sein oder ein allgemeines. Darnach unter= scheiden sich die Vorstellungen selbst. Ein einzelnes Object ist zum Beispiel dieser Mensch, dieser Stein, diese Pflanze u. s. f., ein allgemeines Object ist die Gattung Mensch, Stein, Pflanze u. s. f. Das einzelne Object kann nur sinnlich vorgestellt oder angeschaut, das allgemeine, die Gattung, weil es durch Zusammenfassung abgesonderter Theilvorstellungen entsteht, nur begriffen werden. Die Vorstellung des einzelnen Ob= jects nennen wir deßhalb Anschauung, die des allgemeinen Begriff. So unterscheiden sich alle unsere Vorstellungen in Anschauungen und Begriffe. Wozu gehören Raum und Zeit? Sind Raum und Zeit Anschauungen oder Be= griffe?

Da bereits ausgemacht ist, daß Raum und Zeit nicht Theilvorstellungen sind, so ergiebt sich die Antwort von selbst. Jeder Gattungsbegriff ist verglichen mit der Vorstellung des einzelnen Dinges eine Theilvorstellung desselben, ein Bruch= theil seiner Merkmale, ein Nenner, der immer kleiner ist als der Zähler. Ein Beispiel mache dieses Verhältniß ganz ein=

leuchtend. Cäsar ist Mensch: er ist es seiner Gattung nach; das sagt der Nenner. Aber wie viel hat Cäsar als dieser Mensch, der er war, dieser einzige, unvergleichliche, als der größte Römer, mehr in sich, als jene Merkmale, die er mit dem letzten seiner Gattung gemein hat! Um wie viel ist dieses Individuum mehr, als blos der Ausdruck seiner Gattung! Daß er Cäsar war, sagt der Zähler. Um wie viel ist hier der Zähler größer, als der Nenner!

Raum und Zeit wären Gattungsbegriffe, wenn sie Theil=vorstellungen wären, Bruchtheile von Räumen und Zeiten. Aber es ist umgekehrt. Sie sind nicht Theilvorstellungen, sondern das Ganze. Der Raum begreift alle Räume, die Zeit alle Zeiten als ihre Theile in sich. Mithin sind Raum und Zeit nicht Gattungsbegriffe.

In den Gattungsbegriffen ist immer das Wenigste ent=halten. Sie werden um so ärmer, je allgemeiner sie werden. Sie werden um so reicher, je mehr sie sich spezificiren; d. h. je mehr sie sich der Einzelvorstellung oder der Anschauung nähern. Nur die Anschauung, die Vorstellung des einzelnen Objects, enthält die ganze Fülle der Merkmale. Umfang und Inhalt eines Begriffs wachsen im umgekehrten Verhältniß: je weiter der Umfang wird, um so ärmer wird der Inhalt (Inbegriff der Merkmale); je mehr sich der Umfang verengt, um so reicher wird der Inhalt. Der engste Umfang ist der reichste Inhalt. Und den engsten Umfang hat das einzelne Ding, die Einzelvorstellung, die Anschauung.

Es giebt nur einen einzigen Raum und eine ein=zige Zeit. Sie haben den engsten Umfang, denn sie be=greifen nichts unter sich. Sie haben den reichsten Inhalt, denn alle räumliche Unterschiede sind im Raum, alle zeitliche in der Zeit. Sie sind also Einzelvorstellungen oder Anschau=ungen. Sie sind Anschauungen, weil sie Einzelvorstellungen sind; sie sind Einzelvorstellungen, weil sie ungebrochene oder ganze Vorstellungen sind.

V. Raum und Zeit als sinnliche Anschauungen.

Wenn Raum und Zeit Begriffe wären, wie unsere andern allgemeinen Vorstellungen, so müßten Räume und Zeiten in gewissen Merkmalen übereinstimmen, in gewissen Merkmalen sich unterscheiden. Worin stimmen die Räume, so verschieden sie sein mögen, überein? Darin, daß sie Raum sind. Worin unterscheiden sich die Räume? Alle denkbare Verschiedenheit der Räume in Rücksicht der Ausdehnung, Größe, Figur u. s. f. ist räumlich. Alle denkbare Verschiedenheit der Zeiten ist zeitlich. Der Unterschied der Räume ist Raum, der Unterschied der Zeiten ist Zeit. Also die Merkmale, worin Räume und Zeiten übereinstimmen, sind eben dieselben, worin sie sich unterscheiden. Bei allen Begriffen sind die gemeinschaftlichen Merkmale andere, als die unterscheidenden. Die Menschen stimmen überein worin? Daß sie körperliche, lebendige, empfindende, geistige oder bewußte Wesen sind. Sie unterscheiden sich nach Race, Nationalität, Geschlecht, Familie, Naturell, Anlage u. s. f. Andere also sind die gemeinschaftlichen, andere die unterscheidenden Merkmale. Weil dieses Verhältniß bei Raum und Zeit nicht stattfindet, so sind Raum und Zeit nicht Begriffe.

Man kann sich davon augenscheinlich überzeugen. Wenn Raum und Zeit Begriffe wären, so müßten sich ihre Unterschiede begreifen, durch Begriffe deutlich machen, mit einem Worte definiren lassen. Nun versuche man doch sie zu definiren, solche Unterschiede, die blos räumlich oder blos zeitlich sind. Man definire uns den Unterschied von hier und dort, oben und unten, rechts und links, früher und später! Worin unterscheidet sich das Hier vom Dort? Hier hilft kein Verstand der Verständigen, ein Fingerzeig thut alles. Man macht diesen Unterschied klar, indem man ihn augenscheinlich macht, d. h. mit andern Worten, dieser Unterschied läßt sich nicht begreifen, er läßt sich bloß anschauen. Man unterscheide die rechte Hand von der linken, das Object von seinem Spiegelbilde! Alle Merkmale, die sich durch den Verstand

bezeichnen, durch Begriffe bestimmen, durch Worte ausdrücken
lassen, sind hier vollkommen dieselben. Der einzige Unterschied, der hier stattfindet, die räumliche Folge der Theile, daß
im Objecte rechts liegt, was im Spiegelbilde links ist, daß
bei der rechten Hand die Reihenfolge der Finger die entgegengesetzte Richtung nimmt als bei der linken, — dieser einzige
Unterschied läßt sich nicht logisch erklären, er läßt sich nicht
begreifen, sondern nur anschauen. Es ist vollkommen unmöglich, den linken Handschuh auf die rechte Hand zu ziehen.
Man begreife doch diese Unmöglichkeit, man erkläre sie logisch,
aber ohne Hand und Handschuh zu vergleichen, denn diese
Vergleichung ist eben die Anschauung. Meint man, die Sache
erklärt zu haben, wenn man sagt: „die Theile sind zwar dieselben, aber sie laufen in umgekehrter Richtung, daher die
Verschiedenheit!" Aber was ist denn umgekehrte Richtung?
„Nun, von rechts nach links und von links nach rechts!" Aber
was ist denn rechts und links? Da ist man zu Ende mit den
Begriffen und Definitionen, und man sieht sich um nach der
Hand und dem Handschuh!

Zu Raum und Zeit giebt es keine logische, sondern nur
anschauliche Unterschiede: der bündigste Beweis, daß Raum
und Zeit nicht Begriffe sind, sondern Anschauungen. Also
sind sie Vorstellungen, die zugleich ursprünglich und vollkommen anschaulich oder sinnlich sind. Sie sind, mit einem
Worte gesagt, ursprüngliche Anschauungen, d. h. ursprüngliche Vorstellungsvermögen unserer anschauenden Vernunft.

Setzen wir, daß Raum und Zeit nicht Anschauungen
wären, so wäre es unmöglich, die rechte Hand von der linken
zu unterscheiden, um ein Beispiel für eine Legion von Fällen
anzuführen, so wäre es in zahllosen Fällen unmöglich, solche,
die wirklich unterschieden sind, zu unterscheiden, so wäre also
in eben so vielen Fällen die Confusion unvermeidlich, jener
Zustand, in dem wir Vorstellungen nicht unterscheiden können:
so wären die Vorstellungen in unserem Geist ein unentwirrbares Chaos, und von einer Erkenntniß, von einer klaren

Welt im menschlichen Geiste könnte die Rede nicht sein! Was wäre der Geist, wenn es ihm unmöglich wäre, klar zu sein! Was also wäre der Geist, wenn Raum und Zeit nicht Anschauungen wären!

VI. Raum und Zeit als reine Anschauungen.

Raum und Zeit sind die beiden ersten und obersten Bedingungen, unter denen uns alle mögliche Gegenstände der Wahrnehmung, der Erfahrung, der Erkenntniß gegeben sind. Was wir auch vorstellen, jeder mögliche Gegenstand der Vorstellung, erscheint in Raum und Zeit. Der Raum ist die Bedingung, unter der etwas außer uns erscheint; die Zeit ist die Bedingung unter der wir Alles vorstellen, die äußeren Erscheinungen so gut als die innern: jener könnte die Bedingung der äußeren Erscheinungen oder die Form des äußeren Sinnes, diese die Bedingung aller Erscheinungen, die Form unserer gesammten Sinnlichkeit genannt werden.

Raum und Zeit sind die Bedingungen unserer Vorstellungen, nicht deren Gegenstände. Sie sind nicht Gegenstände, die unabhängig von unserer Anschauung existiren, die uns von Außen gegeben sind. Niemals kann uns der Raum von Außen gegeben sein, wie ein Object der Sinnesanschauung. So lange man sich über die Sache nicht näher besinnt, pflegt man sich den Raum wohl so vorzustellen, als ob er das leere Behältniß der Welt, das große Receptaculum aller Dinge wäre, das sich als etwas Selbstständiges und Fürsichbestehendes außerhalb unserer Vorstellung befindet. Was heißt denn: Etwas ist uns von Außen gegeben? Doch wohl, daß es außer uns ist. Es ist außer uns, heißt doch wohl: es ist in einem andern Orte, als wir. Der Raum ist uns von Außen gegeben, hieße demnach, der Raum ist in einem andern Orte als wir, er ist in einem andern Raum, womit offenbar die größte Ungereimtheit gesagt ist.

Hier vollendet sich der richtige Begriff der Sache. Raum und Zeit sind uns nicht von Außen gegeben, wie die Objecte der Sinnesanschauung. Was außer uns ist, das ist im Raum, das setzt also den Raum voraus: also kann der Raum selbst nicht außer uns sein. Raum und Zeit sind nicht sinnliche Anschauungen, denen Dinge außer uns entsprechen, sondern sie sind bloße Anschauungen. Sie sind nicht Vorstellungen von Etwas, das uns wie ein Sinnenobject gegeben wäre, sondern sie sind bloße Vorstellungen, nichts als solche, nicht willkürliche oder zufällige, die man haben und ebenso gut nicht haben kann, sondern nothwendige und ursprüng= liche, ohne welche wir nichts Gegebenes vorzustellen, zu unter= scheiden, zu erkennen vermögen.

Ich weiß wohl, daß dieser letzte Satz etwas Befremd= liches hat, so einleuchtend er sich ergiebt. Der natürliche Verstand läßt sich wohl überzeugen, daß Raum und Zeit ursprüngliche Anschauungen sind, aber es will ihm nicht eingehen, daß sie nichts weiter als Anschauungen, als reine Vernunftformen, daß sie nicht Objecte der Anschauung, sondern bloß deren Vermögen sein sollen. Aber gerade in diesem Punkte vollendet sich die richtige und einzig mögliche Auffassung der Sache. Diese Erklärung von Raum und Zeit war die größte Entdeckung, welche der Begründer der kritischen Philosophie gemacht hat. Ich will versuchen, den bedenklichen Satz durch die sichersten Beweisgründe zu befestigen: durch unleugbare und aller Welt zugängliche Thatsachen.

Ich nenne zuerst die Mathematik. Wenn Raum und Zeit etwas Anderes wären, als reine Anschauungen der Ver= nunft, etwas Anderes, als anschauende Vernunft, so wäre die Thatsache der Mathematik als Wissenschaft unmöglich. Diese Wissenschaft wäre unmöglich, sowohl was ihre Gegen= stände als ihre Einsichten betrifft.

Ihre Gegenstände wären unmöglich. Die Mathematik ist die Wissenschaft der Größen. Die Größen sind Figuren und Zahlen. Die Figur ist Raumgröße; die Zahl ist Zeit= größe, denn sie entsteht durch das successive Hinzufügen des Eins zum Eins. Die Wissenschaft der Raumgrößen ist

die Geometrie, die der Zeitgrößen die Arithmetik. Nun ist
keine mathematische Größe als solche, sie sei geometrisch
oder arithmetisch, in der Erfahrung gegeben. Wo findet sich
in der Erfahrung der mathematische Punkt, und blos dieser,
das Ausdehnungslose im Raum, das Element der Ausdeh=
nung? Wo ist Linie, Fläche, Körper, blos als mathematische
Größe? Wo ist die Zahl als solche? Die Zahl entsteht, indem
wir zählen. Wir machen die Zahl. Die Figur entsteht, in=
dem wir sie construiren, sie ist nichts als diese unsere Con=
struction. Wenn wir den Punkt a bis zum Punkte b fort=
bewegen, und zwar im kürzesten Wege, so entsteht die gerade
Linie ab. Wenn wir diese Linie um den festen Punkt a herum=
bewegen, bis der bewegliche Punkt b in seinen ursprünglichen
Ort zurückgekehrt ist, so entsteht der Kreis. Wenn wir den
Bogen des Halbkreises um den Durchmesser herumdrehen,
bis alle Punkte des Bogens in ihre ursprünglichen Orte zu=
rückgekehrt sind, so entsteht die Kugel. Was sind Linie, Kreis,
Kugel anderes, als bloße Raumgrößen? Was sind diese
Raumgrößen anderes, als unsere Constructionen, unsere Pro=
ducte? Wir sind es, wir allein, d. h. unsere anschauende Ver=
nunft, welche diese Größen erzeugt, diese Constructionen macht.

Die mathematische Größe kann sich in einem sinnlichen
Stoff verkörpern, die Kugel kann von Holz sein; dieser sinn=
liche Stoff ist freilich von Außen gegeben, aber er gehört
auch nicht zu der Größe als solcher, er ist für die Natur und
Eigenthümlichkeiten der mathematischen Größe ebenso zufällig
als gleichgiltig. Die mathematischen Größen, Punkt, Linie,
Fläche, Körper, Zahl, bestehen als solche nirgends wo anders
als in Raum und Zeit. Diese Raum= und Zeitgrößen sind
nirgends weiter als in unserer Anschauung und durch dieselbe.
Sie sind nicht Gegenstände der Erfahrung, sondern Producte
der Anschauung. Wenn aber die Raum= und Zeitgrößen nicht
Objecte der Erfahrung sind, so können auch Raum und Zeit
nicht solche Objecte sein. Wenn die Raum= und Zeitgrößen
nichts sind als Vernunftproducte, welche die Anschauung macht,

so können Raum und Zeit selbst offenbar nichts Anderes sein, als Vernunftvermögen: die Vermögen nämlich, wodurch die Vernunft jene Producte hervorbringt, d. h. die anschauenden Vermögen der Vernunft. Dieser Schluß von der Wirkung auf die Ursache ist eben so begreiflich als zwingend.

Auch die mathematischen Einsichten wären unmöglich, wenn Raum und Zeit etwas Anderes wären, als bloße Ver= nunftanschauungen. Was von Raum und Zeit gilt, eben dasselbe gilt natürlich auch von den Raum= und Zeitgrößen, also von den Größen überhaupt, von den Gegenständen der Mathematik. Wenn also Raum und Zeit Erfahrungsobjecte wären, so wären es auch die Gegenstände der Mathematik, so müßten die mathematischen Größen in der Erfahrung ge= geben sein, wie die übrigen Dinge, so müßten selbstverständ= lich die mathematischen Einsichten Erfahrungsurtheile sein. Keine menschliche Erfahrung kennt alle Fälle. Kein Erfahrungsurtheil darf sich als ein allgemeines und noth= wendiges behaupten, als ein solches, das in alle Ewigkeit sich gleich bleibt. Und als eine solche ewige Wahrheit gilt jedes mathematische Urtheil. Die mathematischen Einsichten hören auf zu sein; was sie sind, wenn sie diesen Charakter der Allgemeinheit und Nothwendigkeit verlieren. Wenn nicht in alle Ewigkeit $2 \times 2 = 4$ ist, nicht in alle Ewigkeit die Winkel eines Dreiecks gleich sind zwei Rechten, so ist es um diese mathematische Wahrheiten geschehen. Wenn der Satz $2 \times 2 = 4$ ein Erfahrungsurtheil ist, so muß ich hinzusetzen: diese Gleichung gilt, so weit meine Erfahrung reicht. Ich setze es nicht hinzu. Der Satz gilt unabhängig von meinen Wahrnehmungen, unabhängig von dem Umfange meiner Er= fahrung. Dasselbe gilt von jedem mathematischen Satz. Kein mathematischer Satz ist ein Erfahrungsurtheil. Also ist auch keine mathematische Größe ein Erfahrungsobject. Also sind auch Raum und Zeit nicht Erfahrungsobjecte, nicht Gegen= stände unserer Anschauung, sondern bloße Anschauungen: nicht sinnliche Anschauungen, sondern reine.

Unter allen Thatsachen der Welt giebt es keine, die uns sicherer ist als das eigene Dasein, dessen wir unmittel= bar gewiß sind. In dem eigenen Dasein giebt es nichts, das uns gewisser wäre, als was wir selbstthätig und mit Bewußtsein hervorbringen. Was wir selbst machen, davon wissen wir am besten, was es ist, wie es entsteht. Von allem, das unsere Vernunft selbstthätig hervorbringt, ist nichts so anschaulich und darum so klar als die mathematischen Größen. Darin liegt der Grund, warum die Sätze der Mathematik diesen höchsten Grad der Evidenz und Gewißheit mit sich führen. Daß $2 \times 2 = 4$ ist, begreift man nur deß= halb so vollkommen klar und einmal für immer, weil man diese Wahrheit selbst macht, weil man diese Größen und ihre Gleichung selbst erzeugt, weil hier die Ueberzeugung mit der Handlung in einen Act zusammenfällt. Hatte ich in dem früheren Vortrage die Allgemeinheit und Nothwendigkeit der mathematischen Erkenntnisse als Thatsache festgestellt, so ist hier zu dieser Thatsache die vollständige Erklärung. Sie erklärt sich aus der Natur von Raum und Zeit.

So ist Folgendes das bündige Ergebniß der ganzen Unter= suchung:

I. Die erste Bedingung alles Erkennens ist das Unter= scheiden.

II. Die Principien aller Unterscheidung sind Raum und Zeit.

1) Raum und Zeit sind nicht abgeleitete Vorstellungen, sondern ursprüngliche.

2) Diese ursprünglichen Vorstellungen sind nicht die begrenzten Räume und Zeiten, sondern der un= endliche Raum und die unendliche Zeit.

3) Diese ursprünglichen Vorstellungen sind nicht Be= griffe, sondern Anschauungen.

4) Diese ursprünglichen Anschauungen sind nicht sinn=
lichde, sondern reine, was so viel sagen will, als
Anschauungen ohne gegebenes Object, d. h. sie sind
Formen der Anschauung, anschauende Ver=
nunft.

VII. Die Zeit als bloße Vorstellung. Psychologie der Zeit.

Nicht bloß die Thatsache der Mathematik als Wissen=
schaft läßt sich als Zeuge für unsere Lehre von Raum und
Zeit anführen, sondern auch die täglichen Erfahrungen unseres
innern Lebens. Unser inneres Leben erscheint uns nicht im
Raum, sondern nur in der Zeit. Wir werden von hier aus
nur auf die Natur der Zeit schließen können. Indessen,
was von der Zeit als ausgemacht gilt, darf auch vom Raum
gelten. Wir wollen aus den Thatsachen unseres inneren
Lebens den Beweis führen, daß die Zeit nichts ist als bloße
Vorstellung, als vorstellendes Vermögen.

Wenn wir die Zeit als solche messen, so entsteht die
Zeitgröße, die Zahl, das Object der Arithmetik. Im gewöhn=
lichen Leben messen wir die Zeit nicht mit dem wissenschaft=
lichen Maße der Arithmetik. Die Zahl ist das allgemein=
giltige Zeitmaß. Daneben hat Jeder ein besonderes. Wir
haben es im täglichen Leben nicht mit der bloßen Zeit zu thun,
sondern beschäftigt, wie wir sind, mit unsern täglichen Pflichten,
Plänen für die Zukunft, Erinnerungen an die Vergangen=
heit, haben wir unsere Zeit besetzt und erfüllt mit einer
Menge von Vorstellungen, wie sie eben das menschliche Leben
mit sich führt. Diese Vorstellungen nehmen unsere Zeit ein.
Jede erfüllt einen Theil derselben; jede hat eine gewisse
Dauer, während deren sie unsere Aufmerksamkeit fesselt; jede
also bildet eine gewisse Zeitgröße. Die Reihe unserer Vor=
stellungen ist darum zugleich eine Reihe von Zeitgrößen.
Unsere Vorstellungen sind unser Zeitmaß. Wir messen die

Größe der Zeit durch die Größe der Vorstellungsreihe oder durch die Menge unserer Vorstellungen.

Nach der Menge der Vorstellungen, die wir während einer gewissen Zeit gehabt haben, richtet sich immer unsere Vorstellung von der Größe dieser Zeit. Hätten wir gar keine Vorstellungen gehabt, so würde uns die Größe der unterdessen verflossenen Zeit gleich Null erscheinen. Wenn sie uns nicht gleich Null erscheint, so können wir in dieser Zeit nicht ohne Vorstellungen gewesen sein. Nach unserer Erfahrung zu urtheilen, erscheint uns die Zeit nie gleich Null. Die Vorstellung einer gewissen Zeitgröße, eines gewissen Zeitverlaufs verläßt uns nie. So beweist die Erfahrung jenen tiefsinnigen Satz, den Leibniz ausgesprochen hat: daß der menschliche Geist immer Vorstellungen habe, nicht immer bewußte, geschweige denn deutliche, aber doch Vorstellungen.

1. Das Träumen.

Wir haben bekanntlich auch Vorstellungen im Schlaf. Vorstellungen im Schlaf haben, heißt träumen. Lessing, der das größte Talent, welches ich kenne, für die deutlichen Vorstellungen besaß, erklärte einmal, er habe nie oder nur höchst selten in seinem Leben geträumt. Man darf ihm glauben, daß er sich seiner Träume nie oder nur höchst selten erinnert hat; geträumt hat er immer, wie jeder Mensch. Wir träumen immer. Wenn wir gar nicht geträumt, d. h. während des Schlafs gar keine Vorstellungen gehabt hätten, so müßte uns die Zeit zwischen dem Momente des Einschlafens und dem des Erwachens gleich Null erscheinen. Aber beim Erwachen haben wir stets das Gefühl, es sei während des Schlafs eine gewisse Zeit verflossen. Dieses Gefühl beweist zur Genüge, daß wir während des Schlafs Vorstellungen gehabt, d. h. geträumt haben.

Wenn diese Zeit sehr kurz erscheint,   gleich Null erscheint sie nie — so war der Schlaf tief, seine Vorstellungen waren wenige und sehr dunkle, es war der gesunde Schlaf.

Er kann, arithmetisch gemessen, sehr lange gedauert haben und doch erscheint psychologisch seine Zeitdauer sehr kurz. Und wer hätte nicht auch das Gegentheil erfahren, daß ein sehr kurzer Schlaf voller Träume beim Erwachen wunderbar lang erscheint, denn der Traum hat die Magie, wenige Minuten mit einer unglaublichen Fülle von Einbildungen zu bevölkern.

Das ist ein offenbarer und naheliegender Erfahrungs= beweis, daß die Zeit eine bloße Vorstellung ist, daß es keine Zeit giebt, die ohne alle Vorstellungen wäre. Wäre die Zeit etwas Anderes als bloße Vorstellung, etwas für sich Be= stehendes oder den Dingen Anhaftendes, so wäre unbegreiflich, wie dieselbe Zeitgröße uns jetzt unglaublich lang, jetzt un= glaublich kurz erscheint.

2. Die kurze Zeit.

Die Zeit ist eine Vorstellungsform: die Form, ohne welche wir nichts vorstellen können, die Bedingung, ohne welche nichts erscheint. Sie ist nicht Vorstellungsinhalt. Sie wird nicht vorgestellt, wie ein vorhandenes Object. Als Object kann die Zeit nur vorgestellt werden an dem Inhalte unserer empirischen Vorstellungen. Von diesem Inhalte hängt es ab, wie uns die Zeit erscheint. Wenn aber die Zeit niemals anders erscheint, als an unseren Vorstellungen, so ist klar, daß sie unabhängig von den letzteren niemals erscheinen kann, daß sie nichts von unseren Vorstellungen Unabhängiges für sich ist, daß sie keine Erscheinung, also blos die Form unserer Vorstellungen ausmacht.

Setzen wir den Fall, daß uns eine Menge neuer Vor= stellungen erfüllt, die uns alle auf das Lebhafteste inter= essiren, deren jede unsere ganze Aufmerksamkeit fesselt, wie es etwa zu geschehen pflegt auf Reisen, bei dem ersten noch ungewohnten Aufenthalte in großen und merkwürdigen Städten, im Gespräche mit Menschen, die uns bedeutend sind, in der An schauung und dem Genuß von Kunstwerken u. s. f. — wir leben

ganz unter dem Zauber dieser so neuen und reizenden Vor=
stellungen, wir merken nur auf sie, darum merken wir kaum
die Zeit, die unterdessen vergeht. Darum vergeht uns die
Zeit so schnell, sie fliegt hin wie im Nu, Tage und Wochen
sind wie Augenblicke verschwunden. Da sagt man wohl: ich
begreife gar nicht, wo die Zeit hingekommen ist; sie ist ver=
gangen, ich weiß nicht wie.

Zwischen Menschen, die sich innig angehören, erscheint
die Zeit des Wiedersehens und Zusammenseins immer kurz;
die Zeit der Trennung immer lang.

Wenn wir die Zeit nicht merken, so ist gewiß, daß uns
etwas, was es auch sei, lebhaft interessirt hat. Es ist ein
Glück, die Zeit nicht zu merken! In dem Augenblicke der
höchsten Erfüllung, der vollkommensten Befriedigung, —
Augenblicke, die dem menschlichen Leben sparsam zugemessen
sind — hört gleichsam die Zeit für uns auf, sie scheint still zu
stehen, als ob die Ewigkeit nah wäre. Wer möchte nicht einen
solchen Augenblick verewigen!

Es ist wahr, was Schiller seinen Max sagen läßt,
indem sich dieser die glücklichste Zeit seines Lebens, die Reise
mit Thekla, zurückruft:

> Da rann kein Sand und keine Glocke schlug.
> Es schien die Zeit dem Ueberseligen
> In ihrem ew'gen Laufe still zu steh'n!
> O! Der ist aus dem Himmel schon gefallen,
> Der an der Stunde Wechsel denken muß,
> Die Uhr schlägt keinem Glücklichen.

Und wenn im entgegengesetzten Geiste Faust sich jede
höchste Befriedigung selbst versagt, wenn er sich vermißt, daß
ihn nie etwas ganz erfüllen könne, daß ihm niemals der
glückliche Augenblick kommen solle, in dem die Zeit gleichsam
still stehe, — so konnte Göthe diese Stimmung nicht besser
als so ausdrücken:

> Werb' ich zum Augenblicke sagen:
> Verweile doch! Du bist so schön!

Dann mögt ihr mich in Fesseln schlagen,
Dann will ich gern zu Grunde gehn!
Dann mag die Todtenglocke schallen,
Dann bist du deines Dienstes frei,
Die Uhr mag steh'n, der Zeiger fallen,
Es sei die Zeit für mich vorbei!

Wir dürfen im Allgemeinen behaupten: die Vorstellungen der Dinge, die uns beschäftigen, und die Vorstellung der Zeitgröße stehen zu einander im umgekehrten Verhältniß. Je stärker und intensiver jene sind, um so kleiner ist diese. Je lebhafter und eingehender wir mit den Dingen beschäftigt sind, je aufmerksamer unser Interesse in dem Inhalte dieser Vorstellungen lebt, um so weniger merken wir natürlich die vorüberfließende Zeit, um so mehr verkürzt sich in unserer Vorstellung die Zeitgröße, um so kürzer mithin erscheint uns die Zeit.

3. Die lange Zeit.

Aber betrachten wir auch die entgegengesetzte Erfahrung. Die Vorstellungen, mit denen wir zu thun haben, interessiren uns wenig oder gar nicht. Unsere Aufmerksamkeit kann sich in diese Vorstellungen nicht vertiefen. Ihre Gegenstände, es seien nun Dinge oder Menschen, beschäftigen uns nothgedrungen, aber sie erfüllen uns nicht. Sie sind alltäglich, so bedeutungslos, so oft erlebt und wieder erlebt worden, daß sie gar keine Anziehungskraft mehr ausüben, daß sie gänzlich reizlos an unserem Geist vorübergehen. Was wird die Folge sein? Daß wir auf diese Vorstellungen wenig oder gar nicht achten. Und wenn wir doch nichts anderes haben, das uns tiefer erfüllen könnte? Wenn wir doch jenen reizlosen Vorstellungen so viel Gehör schenken müssen, um uns anderen und interessanteren Dingen nicht hingeben zu können, was wird die Folge sein? Was werden wir vorstellen, wenn uns die Vorstellungen, die wir haben, nicht interessiren, und wir zugleich Vorstellungen, die uns interessiren könnten, nicht haben? Wir werden die Zeit vorstellen, die unerfüllte, leere! Je weniger unsere Zeit von Vorstellungen erfüllt und eingenommen ist, um so leerer ist oder erscheint diese Zeit. Je weniger wir bestimmte Vorstellungen haben, auf die wir merken, um so mehr merken wir auf die Zeit. Wir merken zuletzt nichts als die Zeit, die vergeht, und zwar vergeht, ohne sich irgend wie zu verkürzen.

Jetzt befinden wir uns in einem dem vorigen gerade entgegengesetzten Zustande. Vorher verging die Zeit blitz= schnell, weil wir, von unseren Vorstellungen ganz erfüllt, den Verlauf der Zeit nicht merkten; jetzt vergeht uns die Zeit unendlich langsam, weil wir, von den Vorstellungen leer ge= lassen, von keinem Interesse erfüllt, nichts merken, als den Verlauf der Zeit.

Der deutsche Geist muß diese beiden Zustände gründlich kennen, da er sie in seiner Sprache so treffend und genau bezeichnet. In dem ersten Fall vergeht die Zeit schnell, d. h. sie weilt kurz: dieser Zustand ist die Kurzweile. In dem andern Fall will sie gar nicht vergehn, sie vergeht unendlich langsam, sie erscheint wie festgenagelt, jede Minute dehnt sich zur Stunde, die Zeit weilt lange: dieser Zustand ist die Langeweile. Was uns die Zeit verkürzt, von dem sagen wir, es sei interessant oder kurzweilig. Was uns die Zeit verlängert und langsam ausdehnt, wie mit Folterwerkzeugen, von dem sagen wir mit einem sehr bezeichnenden Ausdruck: es sei langweilig.

Eine Zeit, in der wir uns lebhaft interessirt haben, er= schien, während wir sie erlebten, außerordentlich kurz. Sie vergeht, man weiß nicht wie. Und wenn wir später auf diese so schnell vergangene Zeit zurückblicken, so erscheint sie außer= ordentlich lang. Man erinnere sich an Zeiten, in denen wir neue Menschen, neue Dinge kennen lernten, ganz Auge und Ohr für die neuen, ungewohnten Eindrücke waren: da ver= gingen Wochen wie Tage! Und wenn wir später auf diese Wochen zurückblicken, da erscheinen sie wie Jahre! Einige Wochen, zum erstenmal in einer Weltstadt verlebt, und zwar mit der fähigen Empfänglichkeit für alle ihre Eindrücke, wie

schnell fliehen diese Wochen vorüber! Und sind wir wieder
zurückgekehrt an den alten Ort, wie lang erscheint die eben
durchlebte Zeit! Wie weit liegt sie zurück, die Zeit, die dieser
kurzen Reise vorausging! Diese Erfahrung erklärt sich leicht.
Wir haben in jener Zeit viel erlebt, die Reihe der neu
empfangenen Vorstellungen ist groß, sie dehnt sich weit vor
uns aus, und indem wir auf diese große Vorstellungsreihe
zurückblicken, wächst damit natürlich in unserer Erinnerung
die Vorstellung der Zeitgröße.

Gerade umgekehrt verhält es sich mit dem andern Fall.
Eine Zeit, in der wir uns sehr langweilen, erscheint, während
wir sie erleben, außerordentlich lang, beinah unendlich, als
ob man sie nicht ausleben könnte. Und wenn wir später auf
diese so langsam verflossene Zeit zurückblicken, so erscheint sie
außerordentlich kurz. Die Wochen in der Weltstadt vergehen
wie Tage; sie erscheinen in der Erinnerung wie Jahre. Die
Wochen einer Badekur schleichen langsam dahin; in der Erinnerung schrumpfen sie später zu Augenblicken zusammen.
Sie stellen in der Erinnerung Nichts vor, weil man in ihnen
Nichts erlebt hat, als immer dasselbe Einerlei in einförmiger
Wiederkehr; es ist, als ob man bei der Rückschau des Lebens
hier in's Leere sieht, als ob man auf einen Posten stößt, der
gleich Null ist. In der Summe des Lebens zählt er nicht mit,
und in der Erinnerung vermindert sich bis zur unendlichen
Kleinheit die Vorstellung der Zeitgröße.

Diese menschlichen Zustände aus der bekanntesten Lebens-
erfahrung beweisen thatsächlich, daß die Zeitgröße eine bloße
Vorstellung ist. Und was von der Zeitgröße gilt, das muß
nothwendig von der Zeit selbst gelten; denn die Zeit ist
Größe. Die beiden Zustände sind einander gerade entgegen-
gesetzt. Sich interessiren heißt immer, den Zeitverlauf nicht
merken; sich langweilen heißt immer das Gegentheil, nichts
merken als diesen Verlauf.

Wenn man sich mit jemand unterhält, der nach der Unterhaltung sagt, nicht absichtlich sondern unwillkürlich: „die Zeit

ist mir unglaublich schnell vergangen; ich habe gar nicht ge=
merkt, daß es schon so spät ist!" so hat ihn die Unterhaltung
interessirt. Was er von der Zeit sagt, ist ein artiger Ausdruck
seiner Theilnahme. Dagegen, wenn in der Unterhaltung,
oder welche Gelegenheit es sonst sei, der Andere anfängt, die
Zeit zu merken, so kann man sicher sein, daß er sich langweilt.
Es giebt ein stummes Zeichen, welches sehr unzweideutig an=
kündigt, daß der Andere die Zeit merkt: wenn er nach der Uhr
sieht! Zwei Dinge sind, die namentlich vom Katheder aus
gesehen, eine recht niederschlagende Aussicht gewähren: das
eine ist der leere Raum, das andere ein Zuhörer, der während
des Vortrags seine Uhr inspicirt: das ist die leere Zeit, die
in diesem Zuhörer sich ausdehnt und hohläugig das Katheder
anblickt!

An sich ist in der Welt Nichts weder interessant noch lang=
weilig. Nur für uns wird das Eine interessant, indem es
unsere Aufmerksamkeit beschäftigt und ausfüllt, und das Andere
langweilig, weil es uns nicht reizt, nicht erfüllt und darum
nichts übrig läßt als die Vorstellung der unerfüllten oder
leeren Zeit. Die leere Zeit ist die langweilende. Diese Vor=
stellung ist das eigentlich Langweilige, das was die Langeweile
macht. Wir nennen Dinge und Menschen langweilig auch nur,
sofern sie uns diese Vorstellung verursachen. Aber diese leere
Zeit ist nirgends wo anders als in uns. Wir selbst sind diese
leere Zeit. Sie ist unsre eigne Leere. Und darum ist der
Sprachgebrauch sehr richtig und fein, wenn er sagt: wir
langweilen uns. Wir sind in diesem Zustande thätig und
leidend zugleich: leidend, weil wir ihn peinlich empfinden;
thätig, weil wir selbst dieses Leiden verursachen.

Ja, die Langeweile ist ein Leiden, ein schmerzlicher, höchst
peinlicher Zustand. Wenn man ihn lange ertragen sollte, diesen
Zustand, in welchem der Geist von nichts erfüllt ist als von der
Vorstellung der leeren Zeit, so wäre dies die schlimmste Art
des pensylvanischen Gefängnisses. Es ist schlimm, diesen Zu=
stand zu leiden; schlimmer noch, ihn zu erzeugen.

Indessen ist es gut, daß die Langeweile schmerzt, und zwar bis zur Unerträglichkeit. Denn in der schmerzlichen Empfindung, die sie erregt, liegt zugleich der Trieb, sie los zu werden. Eben weil sie uns peinigt, darum streben wir ihr entgegen; wir müssen suchen, uns davon zu befreien; wir müssen also machen, daß die Zeit vergeht, daß sie uns schneller vergeht; mit einem Worte gesagt und einem sehr bezeichnenden: wir müssen uns die Zeit vertreiben!

Man muß offenbar das Vermögen haben, sich interessiren zu können, wenn man es peinlich empfinden soll, daß man sich langweilt. Nur wer sich interessiren kann, kann sich auch langweilen. Ein stumpfer Geist vermag keines von beiden. Es gehört darum einiger Geist dazu, um sich langweilen zu können; es gehört mehr Geist dazu, um sich nicht zu langweilen, um sich die Zeit zu vertreiben. Ein Franzose des vorigen Jahrhunderts hat in einem für jene Zeit sehr merkwürdigen Buche den Beweis führen wollen, daß der Mensch nur deshalb Geist habe, damit er sich nicht langweile, daß also der Geist nicht mehr und weniger sei, als das wirksamste Gegengift gegen die Langeweile, daß er nichts anderes sei, als die Kunst der Unterhaltung, als das leichte und geistreiche Spiel der Vorstellungen, die uns die Zeit verkürzen, nichts anderes, als der witzige Gesellschafter des Menschen, der ihn von der Langenweile erlöst. Es ist Helvetius, der in seiner Schrift vom Geist diese Theorie vorträgt. Damals sagte Jemand von diesem Mann und seinem Buch, er habe das Geheimniß der ganzen Zeit ausgesprochen. Der Geist, den Helvetius meint, ist ein geborner Franzose und der Stolz seiner Landsleute; das Wort, das ihn beim Namen nennt, heißt „esprit." Wir Deutsche haben kein Wort, das französische „esprit" zu übersetzen; die Franzosen haben keines, um das deutsche „Gemüth" zu übersetzen. Dahinter liegt gewiß eine Verschiedenheit in der geistigen Grundstimmung beider Nationen, über die sich viel sagen ließe.

Wenn die Langeweile der Zustand ist, in dem man sich

nicht oder für Nichts interessirt, so trifft sie auch unser
Gemüth. Auch das Gemüth hat seine Interessen. Hingebung,
Liebe, Zuneigung sind die Formen gemüthlicher Theilnahme,
die ebenso gut Sachen als Personen gewidmet sein kann. Alle
echte und fruchtbare Interessen, auch die geistigen, müssen in
ihrem Ursprunge gemüthlicher Natur sein, oder es fehlt ihnen
mit der Tiefe der Empfindung die Wärme des Lebens. Was
unser Gemüth erkältet, uns gleichgiltig stimmt oder unwill=
kürlich Abneigung einflößt, das wirkt auf unser Gemüth, wie
die langweiligen Vorstellungen auf den Geist, das ist in ge=
müthlichem Sinne langweilig. In diesem Sinne sagen wir
wohl von Sachen und Personen, die uns gleichgiltig oder zu=
wider sind, sie seien uns langweilig.

Alles Interesse beruht auf Empfänglichkeit, Bedürfniß,
Gefühl des eigenen Mangels, Durst nach Befriedigung und
Ergänzung. Wer sich für Nichts interessirt, ist entweder voll=
kommen unfähig oder vollkommen fertig. Vollkommen un=
fähig sind jene stumpfen Naturen, die bei dem gänzlichen Un=
vermögen, sich für etwas zu interessiren, nicht einmal sich
selbst langweilen können, sondern nur Andere. Vollkommen
fertig ist unter den Sterblichen Niemand. Nichts ist unge=
sunder und naturwidriger als die Einbildung, fertig zu sein.
Es giebt Zeiten, wo diese krankhafte Einbildung geradezu
epidemisch wird, wo ganze Schaaren den Schein annehmen,
als ob sie mit Allem fertig wären, am meisten Solche, die
es am wenigsten sind: die unreifen Köpfe und die leeren. Sie
stumpfen sich künstlich ab, sie sind „blasirt;" in vielen Fällen
hat die Natur ihnen so gut vorgearbeitet, daß der Kunstgriff
der Abstumpfung leicht wird. Diese Blasirtheit besteht darin,
sich für nichts zu interessiren oder sich über Alles zu lang=
weilen und den Ausdruck dieser beständigen Langweile zum
Gesichtsstempel zu machen. Zwischen den beiden Extremen
der vollkommenen Unfähigkeit und vollkommenen Fertigkeit
lebt das fähige Geschlecht der strebenden Menschen, die das
Bedürfniß haben, sich zu befriedigen, zu ergänzen, zu in=

teressiren, so wenig als möglich zu langweilen. „Wer fertig
ist, dem ist nichts recht zu machen; ein Werdender
wird immer dankbar sein."*

Der gesunde Geist hat das Bedürfniß seine Zeit zu er=
füllen; und diese Erfüllung hat einen höheren Zweck, als
nur den, die Zeit zu vertreiben. Und dieses Bedürfniß ganz
und mannigfaltig zu befriedigen, ist das menschliche Leben
reich und gehaltvoll genug. Es handelt sich nur darum, daß
wir die Empfänglichkeit und den Willen und die Kunst be=
sitzen, dem menschlichen Leben seine Schätze abzugewinnen.
Wenn nur wir es verstehen, das Interesse zu fassen, tief
und ernst, — die Quellen versiegen nicht, immer von neuem
dieses Interesse zu erfüllen. Wenn nur in uns die Leere
nicht ist; in der Welt ist sie niemals! Was Göthe den
Poeten zuruft, soll sich jeder gesagt sein lassen: „greift nur
hinein in's volle Menschenleben, ein jeder lebt's, nicht vielen
ist's bekannt, und wo ihr's packt, da ist es interessant!"

Und hier, wenn ich mir den wahren Begriff der Zeit
deutlich vorstelle, erscheint mir das ganze menschliche Leben
in einem ernsten und erhebenden Lichte.

Die Zeit ist unsere ursprüngliche Vorstellung. Die Zeit
sind wir selbst. Wir selbst sind es, die sie verkürzen und
ausdehnen. Jetzt sollte sie für immer verstummen, die Klage
des Famulus im Faust: „Ach Gott! Die Kunst ist lang,
und kurz ist unser Leben!" Das Leben ist als Ganzes,
wie es in jedem seiner Abschnitte ist. Je erfüllter es ist, um so
kürzer erscheint, um so schneller vergeht es, während es gelebt
wird, um so länger erscheint es in der Erinnerung. Ein solches
wahrhaft erfülltes Menschenleben bleibt dauernd noch im An=
denken der Nachwelt.

---

* Was die psychologischen Erklärungen rücksichtlich der Zeit betrifft,
so ist hier besonders zu vergleichen Erdmann, psychologische Briefe, Brief VI.
S. 113, Brief XIV. S. 207, 71. Ueber die Langeweile von Erdmann,
Berlin 1852. S. 10, 16, 17.

Aber die echte und tiefe Lebenserfüllung ist mehr als ein geistreiches Spiel. Sie verlangt den ganzen Ernst und die ganze Mühe der Arbeit, die alle Kräfte des Geistes anstrengt für die Aufgaben, die jeder findet, wenn er sie sucht. Ein solches Leben ist in der Gegenwart schnell vergangen, aber es wird ewig währen. Es ist kurz, aber köstlich gewesen, weil es reich war. Als Kant, ermüdet von seiner ungeheuern Geistesarbeit, welche die Welt ewig bewundern wird, seinen achtzigsten Geburtstag, — es war sein letzter, — erreicht hatte, schrieb er diese Worte der Bibel in sein Tagebuch: „Unser Leben währet siebzig Jahre, und wenn es hoch kommt, so sind es achtzig Jahre, und wenn es köstlich gewesen ist, so ist es Mühe und Arbeit gewesen, denn es fähret schnell dahin, als flögen wir davon."